1. 杜大姐来《影响力对话》了（杜云肖·左）
2. 数码达人梁晓斌（左）与中国式营销教父张晓岚的那些事儿
3. 与葡萄对话，倾一片丹心（徐卫东·右）

1. 看，他多么专注！（瓷痴薛行嶙）
2. 前女足国脚刘力豪（右）与教育部体育卫生与艺术教育司司长王国峰合影
3. 您的健康指标，我懂（王巍·右）

1. 俺和俺农园儿的故事(徐箴言)
2. 来,试试这块神奇的手表(许宾乡·右)
3. 高冷务实的创业君(闫平)

1. 我是幸福哥,我为自己代言(陈义·右)
2. 朝气蓬勃的创业者(职场达人张剑青)

你就是奇迹

11位创业者在磨砺中的内心独白

林伟贤　王娟　赵易◎主编

图书在版编目(CIP)数据

你就是奇迹：11位创业者在磨砺中的内心独白／林伟贤，王娟，赵易主编．—北京：北京大学出版社，2016.2

ISBN 978-7-301-26740-0

Ⅰ.①你… Ⅱ.①林… ②王… ③赵… Ⅲ.①中小企业-企业管理 Ⅳ.① F276.3

中国版本图书馆CIP数据核字（2016）第004289号

书　　　　名	你就是奇迹：11位创业者在磨砺中的内心独白
	Ni Jiu Shi Qiji: 11 Wei Chuangyezhe zai Moli zhong de Neixin Dubai
著作责任者	林伟贤　王　娟　赵　易　主编
责 任 编 辑	宋智广　栾　喜
标 准 书 号	ISBN 978-7-301-26740-0
出 版 发 行	北京大学出版社
地　　　　址	北京市海淀区成府路205号 100871
网　　　　址	http://www.pup.cn　新浪微博：@北京大学出版社
电 子 信 箱	sgbooks@126.com
电　　　　话	邮购部 62752015　发行部 62750672　编辑部 82670100
印 　刷 　者	北京嘉业印刷厂
经 　销 　者	新华书店
	787毫米×1092毫米　16开本　16印张　彩插2　160千字
	2016年2月第1版　2016年2月第1次印刷
定　　　　价	49.00元

未经许可，不得以任何方式复制或者抄袭本书之部分或者全部内容。
版权所有，侵权必究
举报电话：010-62752024　电子信箱：fd@pup.pku.edu.cn
图书如有印装质量问题，请与出版部联系，电话：010-62756370

序言 PREFACE

阳光下的微笑 黑夜里的痛哭
——向时代的先行者、创造奇迹的创业者致敬

山 用以征服 跨越 把险阻踩在脚下 我是勇敢

崖 用以攀登 向上 把引力抓在手中 我是毅力

路 用以跋涉 前行 把困难甩在身后 我是决心

这是我们去上海出差在上海地铁里看到的一组广告，立刻被秒杀，戳中泪点。这不就是我们苦苦追寻的企业家所应该具有的创业精神吗？其时，针对中小企业家群体而举办的第一届"你就是奇迹"全球创新创业大赛筹备工作正紧锣密鼓地进行。

乘着"大众创业，万众创新"的春风，"你就是奇迹"全球创新创业大赛以"低调得让全世界都知道"的姿态起航，在国内、马来西亚、新加坡等地，举办了58场线下活动，吸引了近3万名优秀企业家参与PK。在整个大赛过程中，我们见证了他们的勇敢，他们的毅力，他们的

你就是奇迹
YOU ARE A MIRACLE

决心。他们是中国企业家的代表，是创业先锋，是时代的先行者，是一群创造奇迹的人。在这个充满未知与不确定性的时代，为他们搭建舞台，记录他们的创业历程，传承他们的创业精神，自然而然地成为一种社会责任。

他们书写着中国的创业史：1984年，中国企业的创业元年正式开启，以城市边缘人群为主，形成中国的第一次创业浪潮；1992年，邓小平南方谈话，众所周知的"92派"纷纷下海，开启了中国第二次创业浪潮；1998年，以互联网创业为主的第三次创业浪潮更是深入人心，阿里巴巴、腾讯、新浪、网易、搜狐等就是在这个时候扬帆起航的；经过十几年的积淀，2014年，席卷神州大地的第四次创业浪潮扑面而来，"大众创业，万众创新"成为这个时代最响亮的口号。前所未有的政策支持力度，传统企业的持续创业，90后一代脑洞大开的创意，形成全民创业的狂欢。这群可爱的时代先行者践行着冒险、创新、进取、理想、勇敢、毅力、决心的企业家精神，意气风发，挥斥方遒，引领着时代风潮，奏响了时代凯歌。

创业和创新逐渐成为一种社会信仰，这些时代的先行者在探索中前行。我们都明白，每次创业大潮所带来的风起云涌终会逐渐归于平静，一时的喧嚣不是创业的本质。当激情褪去，回归理性，往往是困惑、焦虑、孤独等"凛冬气息"开始笼罩一代又一代的创业者，创业的艰辛与"狰狞"面孔逐渐暴露。创业真的不易，是刮掉一层皮，是豁出身家性命，是九死一生。风险投资家本·霍洛维茨说："在担任 CEO 的 8 年多时间里，只有 3 天是顺境，剩下的 8 年几乎全是举步维艰。"这想必会引起所有创业者的共鸣。伴随着"你就是奇迹"全球创新创业大赛的开展，我们深度采访了数百位企业家，看到了他们"在阳光下的微笑"，也触摸到了他们"在黑夜里的痛哭"。但"世上只有一种英雄主义，就是在认清生活真相之后依然热爱生活"，时势造英雄，英雄亦造时势。即便他们步履蹒跚，伤痕累累；即便他们欲哭无泪，仰天长叹，他们的热血仍在沸腾，梦想仍在燃烧，他们一直在路上。

他们是：30 多年来与中国四次创业浪潮共舞的创业狂人杜云肖，

你就是奇迹
YOU ARE A MIRACLE

她的创业史就是一部沉甸甸的当代中国经济发展史；立足家乡献身农业的葡萄王子徐卫东，倾尽一生，钟情一世，泰山崩于前而不改初心，谱写着中国企业家执着、脚踏实地的风采；抓住时代机遇，小产品做出大品牌的数码达人梁晓斌，他有远见、睿智、坚持，是中国年轻企业家的代表，时代赋予的机遇，不会错过；放弃自己的设计公司，跑到大山采集石头淬炼瓷器的瓷痴薛行嶙，用传统文化的精髓与工匠精神打磨工艺品，成为定瓷最佳传承者与代言人；立志免费为一亿家庭拍摄全家福的幸福哥陈义，身体力行传播大爱与大美；为农村人健康而孜孜钻研医疗器械、具有大慈悲之心的天使王巍，像山一样坚强；为中国企业提供系统管理方案、具有高瞻远瞩智慧的实干家闫平，义薄云天，颇具领袖风范；打落牙齿和血吞，顽强奋起的年轻人张剑青，悄然布局全中国的人力资源管理平台；退役的前女足国脚刘力豪豪言改变中国足球的气场，如今，她正在实现她的梦想；从机械厂到广告传媒公司，再到创意农场，一路玩得不亦乐乎的创业老顽童徐箴言，给我们树立了快乐创业的榜样；辞去 IBM 高管，研发智慧云手表普惠老年人的孝子许宾乡，行走在人文关爱与"温情"商业里自得其乐。

这是一群值得我们肃然起敬，必须用文字记录，用心灵膜拜的人。有他们，就有希望；有他们，就有灵魂。最后，用这段流传颇广的话向他们致敬吧："你所站立的地方，就是你的中国；你怎么样，中国便怎么样；你是什么，中国便是什么；你有光明，中国便不再黑暗。"

目录
CONTENTS

杜云肖   1

1 创业，一段狂放不羁的旅程

1984年，是一个充满光明与希望的年份。当新年的钟声敲响时，中国已呈现出了另外一番景象。此时，全民经商热潮正在席卷全国，人们见面的问候语从"你吃了吗"变为"你下海了吗"。

徐卫东   19

2 倾尽半生，只为一株藤蔓的生长

徐卫东清楚地知道：作为一名高才生，自己毕业后转而回到老家种葡萄，对外人来说是一件多么不可理喻的事！

你就是奇迹
YOU ARE A MIRACLE

梁晓斌　　　　　　　　　　　　　　43
小产品，大境界
"你长大了，学费的事情该自己解决了！"此刻，梁晓斌的耳边突然闪过母亲的这句话。总觉得自己离创业很远，可他万万没想到，机会竟如此突兀地降临了。

薛行嶙　　　　　　　　　　　　　　71
时代脉搏上跳动的文化继承者
他将定瓷捧在手中，像呵护一个十代单传的孩子般呵护着这件艺术品。在这一刻，薛行嶙的眼睛变得越发深邃了。

陈义

从小山村走出的幸福摄影师　　91

在摄影之路上,他历经坎坷、波折。他品尝过走投无路,无奈向人借取学费的苦涩;感受过尚未走出校门,就要在一年内还清借款的酸楚。

王巍

散落民间,悬壶济世的救助者　　113

王巍常说,如她名字的寓意一样,她性格中也有着像大山一样的坚强……因为她始终相信,没有自己过不去的坎儿,没有夫妻俩克服不了的难关。

闫平

矗立在团队前端的守护者　　137

作为一家刚刚起步的新公司，如何取得客户的信任，让那些大企业投入几百万甚至上千万去做一个管理项目，这其中除了不断地尝试和努力，没有更多的捷径可走。

张剑青

千锤百炼，孤独求索的创业领跑者　　159

可他没想到的是，在后续的几次创业中，自己竟输得一塌糊涂。心疼吗？疼……从一无所有到企业渐入佳境，他超越了，突破了，创新了……

刘力豪

我的绿茵梦，改变中国足球的气场

179

整个青春的汗水都挥洒在绿茵场上，刘力豪从不后悔。她将自己最美好的年华奉献给了国家，奉献给了足球事业，她认为这是自己毕生的荣耀。

徐箴言

健康生态模式的传播者

203

别人的创业史或许是一部心酸和血泪筑成的奋斗史，但是在徐箴言眼里，创业是一种快乐的体验……是因为他用兴趣和爱好战胜了迎面袭来的种种困难……

11 许宾乡 — 新时代孝文化的传承者

其实，许宾乡的想法很简单：对于这样一件能够帮助别人又可以获得利润、最终成就人生价值的事，不管怎样也要咬紧牙关坚持下去。

1 杜云肖
创业，一段狂放不羁的旅程

企业家小传

杜云肖，没有富二代的先天优势。一辆拉煤车，一沓皱皱巴巴的一毛钱，一共50块钱，是她创业的所有资本。

在风云激荡的岁月里，任凭谁都不会想到，一个女人竟能三度走上创业路。

时不我待，睿智与坚持终将迎来成功。夹缝中生存的意义诠释了：在这段感悟生命的旅程中，信念是坚不可摧的试金石。

她成功了，从零到千万元的蜕变，她用诚信的态度化解了经商之路的层层难题。从债台高筑到身家千万，她的世界因不断折腾而变了模样。

你就是奇迹
YOU ARE A MIRACLE

1984年,是一个充满光明与希望的年份。

当新年的钟声敲响时,中国已呈现出了另外一番景象。此时,全民经商热潮正在席卷全国,人们见面的问候语从"你吃了吗"变为"你下海了吗"。《激荡三十年:中国企业1978—2008》一书中曾提到,当时在北方甚至流传着这样的顺口溜:"十亿人民九亿倒,还有一亿在寻找。"

根据《中国青年报》做的一项调查,当年最受欢迎的职业排序前三名依次是出租车司机、个体户、厨师,而最后的三个选项分别是科学家、医生、教师。"修大脑的不如剃头的""搞导弹的不如卖茶叶蛋的"[1],是当时社会的流行语。

也正是在这一年,改革政策从城市向农村推进,人们讶异地发现,中国的第一代创业者们粉墨登场,成为日后名扬一时的企业家。

后来,人们将1984称为"中国现代公司的元年"。

---

[1] 吴晓波《激荡三十年:中国企业1978—2008》。

何为创业，我只想生存下去

1984年，对于无数的中国企业家来说，是极具里程碑意义的一年。那一年，他们满怀热情地走在市场经济的漫漫长路上，用每个人的一小步，汇聚成了整个国家与民族历史上的一大步。

杜云肖就是其中的一员。在那个风云激荡、气势恢宏的时代里，一个刚刚结婚的农村媳妇儿勇敢地向命运发起了挑战。

虽然这份勇气是被生活困境所逼迫出的产物，是无意识、茫然下的选择。但是，在那个"投机倒把罪"明确写进法律条文的年代里，又有多少人有这样一份勇气呢！回望30年前的那段旧时光，有多少人在生活的重压下选择了本分生活，又有多少人在拮据的生活面前昂起了永不屈服的头颅。

当时代的发展赐予人们无限的奋斗动力时，整个世界也在悄悄地改变着。

1984年1月，苹果公司推出了划时代的Macintosh（麦金塔）计算机，继Lisa之后第二次使用图形用户界面，首次将图形用户界面广泛应用到个人电脑上。

3月，英国煤矿工人展开长达一年的大罢工运动。

6月，邓小平同志分别会见香港工商界访京团和香港知名人士钟士元，并发表谈话："香港实行'一国两制'50年不变"。

10月，中华人民共和国成立35周年，在天安门广场举行盛大的国庆阅兵和群众游行，北京大学学生第一次亮出"小平您好"的条幅。

……

在众多大事面前，杜云肖最在意的，还是自己和家人如何生活下去。对于杜云肖来说，此时她正经历着人生最重要的阶段——毕业、结婚。结婚，对于像杜云肖这样的平民老百姓，甚至是生活在任何阶层的人来讲，就是大事儿。

看到这里，您一定不耐烦了，甚至看得咬牙切齿，恨不能跳进书中被文山墨海淹死。抱怨为什么一本书竟如此啰唆，净扯一些看上去与主题毫无关联的事情。

事实上，杜云肖创业之初就是这样一种状态，没有人意识到她即将开启新的人生旅程，甚至连她自己都没有想过。然而，这一切就在琐碎与混乱的生活中开始了。

与其他创业者不同，杜云肖的创业路并非单打独斗，而是夫妻档创业。杜云肖的丈夫名为刘志飞，家里兄弟五人，丈夫排行老大。俗话说："孩子多了爹娘穷，老大哭，老二嚎，老三老四要吃饭，还有老五光脚丫。"丈夫家的条件不好，小两口还没来得及体会新婚燕尔该有的快乐，公公就告诉他们："你们长大了，成家了，该出去自己找点事干了。"

听到公公的话，杜云肖没有埋怨什么。通晓事理的她认为，公公说得对，自己和丈夫已经成家，不能再依靠长辈生活下去了。虽然分家后夫妻俩一贫如洗，但杜云肖还是觉得，自己拥有这世上最宝贵的财富，即自己的爱人，一个身体健康、比自己学历高的好男人。

分家后，夫妻俩发现，怎么把日子过下去是个大难题。在家种田只能勉强维持生活，碰上年景不好，甚至连温饱问题都解决不了。更为糟糕的是，新婚没过多久，杜云肖就发现自己怀孕了！

大人的事情尚且好解决，可若是孩子吃不饱、穿不暖该怎么办呢？几经思索，杜云肖与丈夫决定，放弃那几亩薄田，选择外出创业。

当时的夫妻俩并不知道何为"创业"，但在那段日子里，他们的想法很简单，就是生存下去！

创业之路，良心是最强大的后台

杜云肖，1964年出生于河北省藁城市的一个普通农村家庭。人生似乎为她定义好了所有的标签：一位农村姑娘、一位农村媳妇儿和一位农村母亲。

1986年夏天，分完家、生完孩子后，夫妻俩便开始准备创业。一辆小推车，几块蜂窝煤，一只生火的炉子，外加外婆与母亲凑出的50元钱，汇成了夫妻俩的全部家当。抱着几个月大的儿子，她与丈夫来到了一个新的场所——新乐市集贸市场。

当时，集贸市场中有一个小门市，分上下两层，楼上、楼下各有12平方米，上面可以住人，下面可以做小买卖。这就是公公为他们选好的创业地点。然而，夫妻俩住进去没几天，门市主人就找上门来。相互询问之下他们才得知，买房的1 800元钱，公公并没有为他们付。

当时，1800元钱对于杜云肖来讲，简直是个天文数字！因为在那个年代，人们买东西都花几分、几毛钱，市面上流通的最大面额的钞票也就是10元钱。回忆起当时的情景，杜云肖说："1 800块是多少钱？我连想都不敢想！"

然而，令人惊讶的是，连500元都没有见过的杜云肖，竟作出了一个大胆的决定——盘下小门市。苦于没有资金，夫妻俩与原房主商议，等小店后续赢利，再慢慢把买房的钱还上。因为夫妻俩的诚意，房主最后终于答应了他们的要求。

盘下小店后，"万元户"这个词不断冲击着夫妻俩的大脑。这时，杜云肖和丈夫开玩笑说："咱们使劲儿干，把这个房子的1800元还完，咱们再挣到万元户级别就不干了。"

人一旦有了目标和梦想，便会全力以赴地去实现，杜云肖和她的丈夫便如此。定下"万元户"的目标后，夫妻俩便开始起早贪黑地干活。

尽管家里的面积很小，但充满了快乐与温馨。由于二楼的卧室太小，夫妻俩只在二楼放上了一张双层床；别人家的衣柜都是立着的，而杜云肖家的衣柜是躺着的，柜子下面还装上了轮子，直接推到床下面，节省空间。每每回忆起这一情景，杜云肖都洋溢着幸福的笑容。

杜云肖夫妇身上最大的特征便是，夫妻俩相濡以沫，拥有共同的信仰。其实，杜云肖的娘家条件比较好，从祖辈到父母这一代均经营生意，家中几个孩子当中，她是唯一的女孩。因为唯一，所以更受宠爱。那么，她为什么会选择刘志飞呢？

其实，在选丈夫这件事情上，除了父母之命与媒妁之言外，杜云肖还有自己的要求：一，要与自己有共同的信仰；二，要比自己学历高。至于房子、手表等女孩们最喜欢的东西，她却并不看重。

杜云肖是幸运的，丈夫完全符合她找男朋友的要求。丈夫唯一的缺点就是家里条件太差，但杜云肖从不抱怨。因为她始终坚信，既然缘分让他们相遇相知，那必然会带给他们幸福的生活。

在生活中，夫妻二人总是能相互理解、相互包容，激励与鼓舞着对方。在外人眼中，他们既是一对令人羡慕的好夫妻，又是一对生意上的好搭档。

杜云肖的丈夫是一位修理电器的能手，修理收音机、录音机、黑白电视机、单缸洗衣机等样样在行。理想很丰满，现实却很"骨感"。当时小两口年龄小，再加上是外地人，当地人都不放心将自己的高级电器交给他们维修。几个月下来，一家人的生活异常艰难。

电器维修生意不顺利，考虑到人们购买商品的需求，小两口转而经营起了小百货。由于二人经营有道,那些从广州进回来的小凉鞋、小背心、连衣裙、润肤油等商品,经常被顾客一抢而光。

小百货店铺开业第一个月,夫妻俩就赚了50元。杜云肖与丈夫盘算,一个月赚50元,一年就能赚600元,三年就能够把这个小店面盘下来。可以说,这50元钱就像一个火种,点燃了杜云肖夫妇的财富梦。

就在杜云肖夫妇准备大干一场时,却遭到奸商的欺诈。一次,杜云肖的丈夫从广州进回来一批儿童服装,打开包裹却发现,除了包裹上面与下面的几件衣服可以穿,中间的衣服全部为残次品,有几件衣服甚至小得连布娃娃都穿不上。

这可怎么办呢?面对亏本的巨大风险,杜云肖与丈夫毅然决定,坚决不能让这些残次品流向市场。亏钱可以,但不能亏了良心。杜云肖说:"我和丈夫都是从普通人家走出来的,做生意没有什么社会背景,但是我们有世界上最强大的后台,那就是良心!"

由于他们两口子的小店秉承"诚信服务,价格合理"的理念,因此在集贸市场里口碑极好。在顾客的口口相传之下,小店的生意越做越好。

回忆那时的光景,杜云肖笑着说:"那时候做生意特别轻松。买一袋儿童霜要三毛二,两分钱的零头,没人跟你讲价。只要是进入我们小店的顾客,我都会让他们高高兴兴来,高高兴兴走。靠诚信与良好的服务,小店的口碑一天天打响了。许多现在光顾小店的客人,都是那个时候积攒下来的回头客。那时候很多顾客还没有结婚,现在客户都是带着妻子、丈夫甚至孙子、外孙来我们店里买东西。两三代人延续下来，都是老客户。"

凭借着良好的经营理念，一年之后，夫妻俩不但还清了1 800元的欠账，还扩张了一家店面，生意做得红红火火。而"万元户"早已经不再是他们的目标了。

破釜沉舟，再闹一次革命

生存的问题解决了，接下来的问题就是发展。

杜云肖家的生意越做越红火，家里的生活条件也越来越好。此后的十余年里，杜云肖夫妇是幸福而满足的。创业初期，他们有了大儿子，后来，他们又有了二儿子和小女儿。如果不出意外，杜云肖夫妇将和身边的邻居们一样，经营着自家的店面，然后把孩子们一个个养大，再目送他们走向成功之路。

然而，在过了十几年按部就班的安稳生活之后，夫妻俩越来越厌倦于这种经营模式。早晨打开店门，晚上关闭店门；一年365天，日日如此，一成不变。

最先厌烦这种生活的是杜云肖的丈夫。一天，丈夫与杜云肖闲谈时，略带牢骚地说："这样卖东西挺麻烦的，不管顾客买什么，过来就讲价。如果我们不降价，顾客就会有意见。咱们做生意这么多年，首先讲的是诚信，10块钱的东西，就值这个价。咱们并没有坐地起价，该卖10块钱的东西，决不会卖15块钱。但是每天在买卖上就价格问题讲来讲去，真的很麻烦！"

杜云肖知道，丈夫平日不喜言语，但爱琢磨，心里肯定是已经有了主意。其实不光丈夫，连她这个平日笑呵呵的"乐天派"，也早有了这种感觉。

杜云肖并不是那种光想不练的"空想家"，她说干就干！她开始寻找一种不用讨价还价就可以经营好店面的"商机"。很快，她就发现了这一商机。

一天，杜云肖去学校接孩子，碰巧路过一家刚建好的新商场，杜云肖一转头便看见商场门口有一个租赁广告，说是出租超市。于是，她立刻想到了当时最流行的"超市"——一个无须讲价，直接付钱拿东西的地方。

那为什么不开个超市呢？

回家后，杜云肖立刻找丈夫商量，说："老刘，商量个事儿呗！学校旁边有个商场租赁空地，咱们租下来开个超市吧！开个超市就不用讲价了，多好！"

令杜云肖没想到的是，迎接她的却是一盆冷水。丈夫说："哎呀！你就是一个天真的梦想家，净没事找事。咱们手上连钱都没有，怎么干呀？别想美事了！"

被丈夫泼了一盆冷水后，杜云肖既没有生气，更没有气馁。过了两天后，杜云肖又跑到商场门口，看租赁广告的牌子撤了没有。一看到没撤，杜云肖又跑回家找丈夫商量。

这一次，杜云肖直接说："还是超市那点事，商量商量？要是你同意，咱们再闹一次革命，白手起家。如果赔了，咱们谁也别埋怨，你就是要饭我也跟着你。如果赚了，咱们好好过日子，养着孩子和老人。"

这一次，丈夫没有吭声。此时丈夫已经动摇了。几天后，杜云肖又和丈夫说开超市的事儿，这次她对丈夫说："咱们再破釜沉舟，闹一次革命！"丈夫点了点头。

"闹革命"，钱依然是最棘手的问题。

经商多年，夫妻俩虽然赚了不少钱，但都用在了养家、扩张店面，以及新建的三层小楼上了，家里几乎没有什么存款。而开超市，一年光租金就要25万元，对于一个没有一点儿存款的家庭来讲，要筹措到这笔巨款，简直是无法办到的事情。

可是，这个问题却没有难倒杜云肖。在向亲戚、朋友借了一圈钱之后，杜云肖筹集到了第一笔资金。但这笔资金仍然与25万元相差甚远。于是，杜云肖决定与商场租赁人员协商。双方协商后，达成协议，租金采用分期付款的形式支付。

资金问题刚刚解决，众多亲戚朋友便来到杜云肖家劝说夫妻俩："你们两口子可不能这么搞啊！万一赔了，三个孩子怎么上学？这么大的事情，你们可要考虑好啊，别折腾出大乱子！"

面对亲戚朋友们善意的劝告，夫妻俩并没有打退堂鼓。因为他们始终记得一句话，你想成为怎样的人，你就能成为怎样的人。

2001年11月24日，飞云超市开业了。之所以用"飞云"命名，是因为杜云肖丈夫的名字中有个"飞"字，而她的名字中有个"云"字。杜云肖希望，超市的业绩能够节节攀升。

当时，飞云超市是石家庄附近郊县中唯一一家开在地下一层的超市。然而，令杜云肖没有想到的是，随着超市开业，他们一家人的生活就此逆转了。

时至今日，杜云肖对超市开业时的情景依然记忆犹新。她说："超市开业当天，整个新乐市大街小巷的人都来了。到了打烊时间，关了三次店门都关不上，顾客还是不停地往里面挤。因为超市在地下一层，开业的前十天，我们俩都没有走出过地下室，就连外面是晴天还是阴天，都不知道。"

"当时，我的小女儿才八岁，过年的衣服都是她自己买的。记得孩子给我打电话说：'妈妈，过年我要买衣服。'我说：'女儿，你最棒，你自己可以买。'那时候，我真的很感谢孩子的理解。"

超市生意的火爆让杜云肖夫妇非常兴奋，也更加感恩。很多夫妻俩平日见不到的朋友，关键时刻也都挺身而出。他们有些是杜云肖的朋友，有些是朋友介绍来帮忙的，甚至有很多陌生人都纷纷来帮助夫妻俩。

杜云肖说:"他们在我最艰难的时刻给了我们最无私的帮助。比如,我们手里没有资金,朋友就托人把货、货架、电脑、收款机、音响设备等都送到超市。送货人把东西放下,我们打个白条就可以了。很多时候我们连谁给的东西都不知道,后来开业以后才知道是谁送的。飞云超市就是这样开起来的。后来朋友们有困难,我们也会义不容辞地帮助他们。因为人活着,懂得感恩真的非常重要。"

氏氏美,奏响人生的新乐章

如果说,从农村走进城市是杜云肖夫妇第一次"闹革命"。那么,飞云超市的开业则是夫妻俩第二次"闹革命"。在超市开业之后的十年里,杜云肖的梦想是,每年开一家新店,一直这样开下去。然而,在很多人眼中,这无异于白日做梦。但这真的是白日做梦吗?正如马云说的,梦想还是要有的,万一实现了呢?

幸运之神又一次降临到了杜云肖夫妇身上。在飞云超市开业后的三年里,夫妻俩接连开了三家店;在飞云超市开业后的十年里,夫妻俩又开了六家门店和三十余家加盟店,建成了独立的配送中心。当初的小商铺成了飞云商行,而飞云超市则成了飞云超市有限责任公司。

事业如日中天之际,杜云肖的心又不安分起来。发展到2010年,飞云超市已经成为所在区域的龙头老大。但杜云肖又有了一个想法,她说："我个人一直有个梦想，要做一家上市公司，要让它走出国门，走向世界！"

要做一家走出国门的上市企业，飞云超市显然是无法实现杜云肖的这一梦想。因为在百货零售行业，沃尔玛、家乐福、物美超市等巨头早已抢占了先机，后来者难以望其项背。

就在这时，机会悄然而至。2010年，有两个陌生人找到杜云肖，对她说："杜姐，我们有一家做纸的企业，但是我们不懂得经营，你跟我们一起做吧！"杜云肖一听是造纸企业，便毫不犹豫地回绝了。

在杜云肖的心里，凡是污染环境和影响子孙后代生存发展的事情，她坚决不沾边。从前，曾有人拉她一起搞小炼油厂，她拒绝了；有人曾拉她一起开网吧，她也拒绝了。拒绝的理由就是，"伤害子孙的事，对后代不利的事情，我绝对不做"。

但这两个人被拒绝之后并没有气馁，一年之后又找到了杜云肖。其中的一个人说："杜姐，你看看，这个东西真的很好，没有污染。"这一次，杜云肖没有马上回绝，而是问他们："这么多经商的人，为什么非要选择我？"对方回答说："我们把整个圈里经商的人都捋了一遍，问了好多人，他们都说，你们去找老杜。"

最后杜云肖决定对这两个人的项目进行考察。结果一考察，自己竟被他们的产品"征服"了。因为他们的产品符合以下四个要求。

第一，可复制。

第二，消费者使用频率高，很时尚。

第三，产品发展空间大。

第四，产品引领、倡导一种健康生活的理念。

杜云肖的本业是经营超市，所以她一眼就看上了其中一款湿纸巾与擦鞋产品。用她的话说："湿巾这个行业，平时开超市多少有接触。顾客对湿巾的使用还是比较频繁的，市场需求量大。我拿回去试用之后，就感觉可以做，并能把它做好。"

就这样，杜云肖有了参与到这个企业中的念头。

2011年4月，在厦门参加展销会的杜云肖终于下定决心，收购这家造纸企业。因为在这次展销会上，她发现可降解的湿纸巾，只有"氏氏美"这家企业可以生产。当时的湿纸巾几乎全部是用无纺布制作的，而无纺布是一种对环境具有极大污染的材料，然而氏氏美的湿纸巾是用木浆生产的，不仅健康，而且环保。

杜云肖回忆说："当时，整个展会共四层楼，除了氏氏美，没有一家做湿纸巾的企业。"这就好像一个故事。有一个推销员去非洲卖鞋，下了飞机后，他给老板打电话，说："鞋子卖不出去，人们都不穿鞋，所以没有市场。"于是，公司就派了第二个业务员去，这个业务员一下飞机就给老板打电话，说："在这儿卖鞋太有前景了，他们每个人都不穿鞋，一个人买一双鞋就能赚很多钱。"

杜云肖心想，氏氏美如今也面临这样的情况，那么她也有机会开拓出一片广阔的市场。从厦门回来后，杜云肖立刻收购了氏氏美造纸企业。

氏氏美的"氏"字，在古文中为"人"的意思。氏氏美三字的寓意是：人人美，时时美，事事美，世世美。

对于大多数企业家而言，收购一家企业容易，但要真正把它经营好，并非易事。杜云肖从未畏惧，正如她二十多年前从农村奔向城市一般，这一次她同样做好了"闹革命"的准备。

与开飞云超市不同的是，这一次没有朋友阻止她跨行发展，因为大家都相信，她在新的领域里一定会干得更出色。果然，天遂人愿，杜云肖让氏氏美走向了体系化、规模化的道路上。

现在，氏氏美主营湿木浆湿巾类和皮革护理类两大品类，共七个系列二十余种产品。产品包括多用型、女士专用型、婴儿专用型、厕用型、厨房清洁型、擦鞋专用型与真皮专用型。而木浆纸类湿巾的主要特点为绿色环保可降解；皮革护理类产品的主要特点为可随时随地、方便快捷地进行皮革产品的护理滋养，护理后光亮如新。

在产品性能方面，氏氏美独树一帜。在企业发展方面，氏氏美更是一马当先。

2014年1月，氏氏美工厂引进最先进的全自动化生产设备，提高产能。

2014年5月，参加"你就是奇迹"创新商业项目评选大赛，通过较高平台推广该产品及项目。

2014年7月，与央视"影响力对话"栏目合作接受专题采访，通过更高端的媒体平台宣传健康卫生、环保低碳的好产品。

2014年9月，参加上海"正和岛"新型高科技产品展示会。

2014—2015年，成为石家庄市"两会"唯一指定赞助产品。

2014年年底，与上海智放营销咨询公司合作，正式开启氏氏美规范化、标准化、稳定快速发展的新阶段。

2015年，公司计划环保资金投入金额不低于5000万元，从而推动市场销售规模增长至两亿元。

2016年，计划登陆新三板。

在不断地发展与磨砺中，氏氏美找到了全新的发展轨道。如今，杜云肖还在继续为梦想奋斗着。她的儿女们相继长大成人，三个孩子在获得了高学历后，先后进入了各自喜欢的领域，并且成为各自领域内的精英。可以说，杜云肖一家，正如氏氏美的谐音"事事美""时时美"一般，时时刻刻都在绽放着耀眼的光芒。

你就是奇迹
YOU ARE A MIRACLE

氏氏美的成功奏响了杜云肖人生中的新乐章。杜云肖用实际行动告诉每一位心有所向的人，梦想之路并不孤独，坚持不懈终会实现。

专家点评

> 氏氏美是全球首家定位擦鞋湿巾的品牌运营企业，其独特定位及整合研发、生产、销售的全产业链模式必将成为中国湿纸巾领域里的创新榜样。
>
> 北京凯诺斯管理咨询有限公司董事长　刘启明

2 徐卫东
倾尽半生，只为一株藤蔓的生长

企业家小传

徐卫东，张家港市神园葡萄科技有限公司创始人兼总经理。他投身葡萄产业28年，近半生的时间都倾注于葡萄园中，被人们亲切地称呼为"葡萄王子"。神园葡萄科技有限公司现为江苏省葡萄协会会长单位，中国南方葡萄产业发展联盟理事长单位，苏州市休闲观光农业协会会长单位，苏州市果品协会会长单位，苏州市农业龙头企业。

28载岁月，徐卫东早已和葡萄密不可分。对他来说，葡萄已从他生活的一部分，变为他的生命。多年的创业经历，让他饱受质疑，所幸最亲近的家人给予他最大的支持。以情怀为衣，格局与执着为裳，在中国葡萄产业蓬勃发展的时期，他用实际行动向人们传递着正能量。

你就是奇迹
YOU ARE A MIRACLE

走在去往果园的路上，徐卫东总能感受到周围乡邻好奇与不解的目光，然而，他无力改变，只能故作镇定地微微一笑。这些天邻居嘲讽的话语犹在耳畔，人非草木，谁又能不为所动呢？走进果园，面对尚未透出绿意的葡萄种苗，他的无助感顿时加重了。

徐卫东清楚地知道：作为一名高才生，自己毕业后转而回到老家种葡萄，对外人来说是一件多么不可理喻的事！此时此刻，他内心极度渴望证明自己，可一切都需要时间啊！他唯有更加细心地照顾葡萄种苗，才有机会看见绿荫绕梁的美景。

徐卫东：倾尽半生，只为一株藤蔓的生长

高校学子，回归农园

1987年，徐卫东高考落榜。原本对大学生活充满期望的他，却要面临人生路上的第一个重要选择：是进城找一份体面的工作；还是进入乡镇企业，找一份基层管理工作；抑或是干脆做点小买卖……

在种种选择之中，徐卫东作出了令所有人意想不到的决定——回家乡发展。对于徐卫东而言，他明明可以拥有一个璀璨的未来，前途一片大好，才一转眼，就变成了待在家里、不务正业的待业青年。这中间的落差有多大，徐卫东尚未真正思考，但左邻右舍用语言与行动告诉了他。

"喂，老徐啊！前几天看到卫东回家了，怎么着，咱们村的高才生，这次准备在家里待几天啊？"邻居家的大婶路过徐卫东家门口，开始跟徐卫东的父亲八卦起了家常。

邻居大叔听到消息，便开口道："老徐呀，你家小子没考上大学也不是什么坏事，听说镇上有好几家企业都在招工呢，尤其重视有文化的人才。你家小子去应聘，肯定一去一个准儿，到时你就等着吃香喝辣，做好享福的准备吧！"

徐卫东的父亲是个老实、厚道的农民，便不假思索地将儿子这两天告诉他的话一五一十地说了出来："我们家卫东说了，只要是金子，在哪里都会发光。他准备回村里发展，还方便照顾我们老两口。"

邻居大叔和大婶听到消息后，都非常惊讶。他们纷纷开口说："哎呀！我说老徐，你可不能因为自己耽误了孩子的发展啊！'在土地里刨食'①能有多大发展，咱们都刨了一辈子了，你又不是不知道！"邻居大婶撇了撇嘴说道。

不善言辞的徐父只能勉强笑一笑，说道："这是卫东的决定，他想做什么就做什么，我支持他。"

邻居大婶还想说话，就被邻居大叔拉走了。

此时，刚满18岁的徐卫东正躺在床上，一字不落地听到了整个对话。回家已经好几天了，自己却还没想出要如何谋生，本来心里已极度烦躁，在听到刚才那一段话后，徐卫东更加烦躁了。

于是，他"腾"地一下坐了起来，双手紧紧抓着自己的头发。他的"自虐"行为还没开始，父亲就走了进来。

徐卫东不好意思地把手放下。父亲开口说道："你既然作了决定，要回家乡发展，就要做出个模样来。你要记住，不管你做什么，我都不反对，我只希望你在作出决定前，能够好好考虑清楚。"

没有太多文化的父亲能说出这样一番言辞，完全出乎了徐卫东的意料。他能够感受到，父亲多少是把邻居的话听进了心里，但父亲不想给他压力，于是只能勉励他几句。

徐卫东选择农业作为创业的源头，是因为农业是中国的第一产业，农业的发展是其他产业发展的前提与基础。徐卫东相信，随着社会的不

---

① 从事农业活动。

断进步和经济的不断发展，农业这个基础行业一定会更上一层楼。

徐卫东思前想后，自己生于农村、长于农村，对农村的一切最熟悉，若想以后有所发展，在自己熟悉的地方肯定更有作为；而且，他虽没有去过多少地方，但很喜欢家乡的山山水水，回家发展并非他一时仓促的决定，而是他内心早有的想法。

父子俩谈完话，父亲便拿着工具到院子里修理葡萄藤。很快，徐卫东就听到父亲挥动剪刀修剪葡萄枝叶的声音。他走到窗边，放眼望去，在院子的角落处搭建起的几株葡萄藤正枝叶繁茂，一片绿油油的景象，看得他心情大好。

蓦地，徐卫东拍了一下自己的脑门，心想："我怎么这么笨呢？为什么不去试试种葡萄呢？葡萄是一种很受消费者欢迎的水果，且在全国各地都可种植，应该是比较好培育的品种。"

这时候的徐卫东还不知道，自己正沉浸在一个天真的想法中，错误地保持着"葡萄好种植"的观念。但很快，他的想法就被现实打败了。

那时的徐卫东只顾得开心，他开始兴致勃勃地在纸上写起了一项项需要完成的重要事情：找商家买葡萄苗，租地，向父亲学习葡萄种植技术，等等。

写着写着，徐卫东便停了下来，一时被热情冲昏头的他，突然想到一个非常现实的问题：起步资金怎么办？租地要钱，买种苗要钱，种植过程中还需要添置许多农药与工具，林林总总，几乎没有一项是不需要花钱的。徐卫东无奈地自叹道："看来只有自己这个免费的劳动力是不要钱的！"

然而，说来容易做来难，自家人知自家事。徐卫东家里的经济状况一向不好，前几年父母为了供他读书，几乎用尽了家里的所有积蓄。父亲在院子里种葡萄，并非像城里人想的那样，老来无事，给自己找点娱乐，而是想借此补贴一下家用。

可创业的起步资金到底该怎么凑呢？一连几天，徐卫东不停地发愁。最后，他终于决定，拉下面子，向亲戚借钱。来到亲戚家后，徐卫东认真地解释了自己借钱的用途，并承诺一定会及时带息归还。也许是年轻小伙子的一腔热情打动了亲戚，虽然亲戚不支持他的想法，却也不再像之前那样嘲讽他了。大家只是在心里默默想着，看看这小子可以做出什么名堂。

就这样，徐卫东成功地凑到了2 000元。虽然在同行眼中，2 000元根本不够干什么，但徐卫东就是抱着"能省则省"的态度坚持着，坚决不请劳力。他想着只要自己多付出点，一定能走出创业的第一步。

没人会想到，后来名动全国的神园葡萄就这样凭借2 000元的起步资金，在这个夏天，开启了一段不凡的旅程。葡萄园是开起来了，但发展初期，徐卫东依然要面对乡亲们不解的表情、嘲讽的话语、嬉笑的动作……

对于一个骨子里充满倔强与骄傲的年轻人而言，徐卫东在心里暗暗地发誓:"我一定要做出点成绩来,让所有人知道'我可以'。"可每当他在心里默念这些话时,他倍感羞愧。因为自己的事情,给纯朴的父母带来了尴尬,让两位老人也陪着他遭受着巨大的痛楚。

曾有一次,徐卫东从果园回来,恰巧碰到一个邻居又在用讽刺的语言跟父母谈论他,好好一个高中生,正经事不做,反而回来种地。此时,徐卫东按捺不住地冲上前去,径直把父母拉回了家。回到家后,他请父母坐在椅子上。他站在二老面前,郑重地告诉他们:"我一定会成功!"

我用真情,与葡萄结下不解之缘

种葡萄,找秘诀

每次打定主意做一件事时,徐卫东就会变得异常坚定。在筹集到2000元起步资金后,徐卫东开始向父亲取经。父亲在家种植葡萄两年,虽然没受过正规的种植技术培训,但相比他这个从小只知道摘葡萄和吃葡萄的人来说,可是强多了!徐卫东深知,自己现在就是一名完完全全的白丁,只能如饥似渴地学习各种知识。

在连续纠缠父亲几天后,父亲自觉已被他榨干了,就把自己之前买的一些种植书籍交给徐卫东。于是,徐卫东疯狂地扎进了书本里。他越看越发现自己之前想得太简单了。虽然葡萄种植范围广,但种植葡萄并没想象中那样简单，这里面的门道实在是太多了。

但时间紧迫，徐卫东只能赶鸭子上架，他一边联系村委会，寻找可以租赁下来种植葡萄的土地，一边又请同学帮忙从镇上再买一些关于葡萄种植方面的书籍。

鉴于起步资金有限，为了能够租到更多的土地，徐卫东开启了对村委会死缠烂打的模式。在徐卫东的软磨硬泡下，村委会终于决定承包给徐卫东两亩[①]地。这两亩地并非戏称，而是真的只有两亩地。但徐卫东并不觉得少，他认为自己刚开始种植葡萄，正好可以用这两亩地来试试水，等发展一段时间之后，再承包更多的地。如果日后果园遇到什么困难，他自己也有经验了！

虽然初出茅庐，徐卫东却也从父亲口中及书本上学到了葡萄种植三法宝——土壤、水源、空气。所以，当初在选地时，徐卫东就特意选择了适宜葡萄生长的位置。徐卫东祈祷，希望果园能够顺顺利利地起步，一帆风顺地发展起来。

其实，徐卫东承包的那块土地是一块已荒芜几年的地，整片土地都需要重新修整。由于缺乏资金聘请人员，徐卫东便仗着自己年轻力壮，一个人将体力活全部扛下来了。建园、挖沟、平整土地、浇水泥柱……这些没有一项不是体力活，也没有一项不是技术活。徐卫东虽然在农村长大，却也很少接触这些活儿，可他硬是逼着自己去做，用自己不怕累

---

① 1亩≈666.67平方米。

的身躯一点点把困难克服了。

白天干的是繁重的体力活，晚上本该好好睡觉补充体力，可徐卫东却没有太多休息时间。没办法，他基础太浅，只得熬夜学习葡萄种植的相关资料。单纯通过资料学习并不是唯一的途径，那段时间，徐卫东只要在家中看到有人从门口路过，就主动问人家："你种过葡萄吗？能教教我吗？"村里的人只要常出门在外走动的，几乎都被他问了个遍。

此时的徐卫东早已抛开曾经的敏感和脆弱，脸皮也变得"厚"了起来，不管对方如何不解他一个高中生为什么要选择种葡萄，他都会三言两语地将话题扯到自己最关心的种植技术上。

终于到了果园搭建好的那一天，心中稍微有些底气的徐卫东对自己说："我的未来，就指着你们了啊！"

多番探索，三年成就万元户

徐卫东一直相信"付出总有回报"这句话，他相信上天不会让他的这番努力白费。然而，他忘了上天有时也爱捉弄人。在成功来临之前，它总会先丢出几个挫折来考验一下当事者。

徐卫东就遭遇了严峻的考验。种植葡萄的前两年，徐卫东几乎全年无休。作为一个风华正茂的小伙子，处于最好的年华，他却连城都很少进，偶尔进城也是去新华书店购买与葡萄种植相关的书籍。他不跟女生

你就是奇迹
YOU ARE A MIRACLE

交朋友，也没有暧昧的对象，整日除了扎在果园里就是埋头于书海，并乐此不疲地享受着这种生活。

葡萄从扦插到结果，一般需要三年时间，徐卫东早已做好了长期奋斗的准备，自然也把这段时间当作一个铺垫。然而，纵使他等了那么久，第三年秋天，果园出现的却是"不遂人愿"的一幕。没错，徐卫东的葡萄是顺利地结果了，可是瞧这个果子哟！在葡萄藤上没有一个好看的，都是稀稀拉拉、丑得不行。葡萄的颗粒也是大小不一，看上去别提有多丑了。仔细观察，葡萄皮上还长出了许多黑色的斑点，看上去就让人没有食欲。

可不管怎么样，这毕竟是自己辛辛苦苦三年换来的劳动成果啊！徐卫东还是叹着气把葡萄摘了下来。第二天一大早，他就装了两筐葡萄，蹬着三轮车，赶了十几里路，来到镇上的农贸市场。徐卫东这是准备来摆地摊了！徐卫东心想，反正自家的葡萄数量不多，也用不着想其他的销售途径，外加这批葡萄的质量实在太差，能在农贸市场便宜地甩卖出去，多少收回来一点钱就算是不错了！

徐卫东摆了一天摊，到傍晚的时候，旁边的摊主都开始收摊了，徐卫东却仍愁眉苦脸地蹲坐在地。一个在徐卫东旁边卖茶叶蛋的老奶奶看到他后，就主动来和他打招呼，问徐卫东为什么还不收摊。

徐卫东低声嘟囔着："我就知道这批葡萄卖相不好，肯定不好卖，本来摘了四筐，早上就只带来两筐。可没想到，今天在这待了一整天，就连这两筐葡萄都没卖完。"

老奶奶走过来看了看徐卫东摊位上的葡萄,叹了口气,说道:"这葡萄确实长得不太好。"为了安慰徐卫东,老奶奶把卖剩下的茶叶蛋分给了徐卫东。这让徐卫东更加尴尬了,他本想礼尚往来地将剩下的葡萄送给老奶奶,可又怕老人家嫌弃葡萄而不吃。就在他犹豫之际,老奶奶已悄悄离开了。

徐卫东回家后安慰自己,第一年果实有问题,就当作积累经验了;只要自己再努力一点,葡萄肯定会越种越好。发现问题后,徐卫东并未立刻投入到工作中,而是认真地反思自己之前的经营模式。他发现,自己之前只是照搬书本上的知识与别人的经验,缺乏对葡萄的真正关注。

此后,他在葡萄园中干完活,不会再像往常那样赶着回家去看书学习,而是在葡萄园中多待一会。他会四处转转,看看藤叶,抚摸一下葡萄藤,甚至还会跟葡萄藤说说话。如果外人看到那幅画面,一定会怀疑徐卫东是不是疯了,哪有正常人会跟葡萄说话的。可徐卫东却觉得:虽然葡萄听不懂自己的话,自己也猜不透葡萄的心思,但他可以通过这种方式增强与葡萄之间的感知。

那时尚未结婚的徐卫东,开始试着把葡萄当作自己的儿女,通过对话和观察,来判断葡萄正处于什么状况,需要自己提供哪些帮助。令他想不到的是,每每在这时,一直努力却不见收获的他,也会变得平静下来。时至今日,只要时间允许,徐卫东仍然每天都找时间去果园与葡萄说话。

凭借着这股痴迷与勤奋，第二年，徐卫东的葡萄顺利结果。葡萄卖出后，徐卫东也成了远近闻名的万元户。在上个世纪90年代初，万元户是个相当耀眼的称呼，尤其是在这个小乡村，徐卫东一下子从离经叛道者变为焦点人物，村子里的人经常在谈他的事情，还有不少家长在教育孩子的时候以他为榜样。

荆棘不断，进口红提拓宽新思路

然而，上天似乎觉得应该对这位年轻小伙子多方考验，不要让他轻易享受到成功。虽然徐卫东依然不骄不躁，继续勤奋地经营葡萄园，但一场难以抵抗的自然灾害来临了。

1991年，整个江南地区的梅雨久久不去，很多葡萄园里都爆发了葡萄黑痘病，徐卫东的果园也不例外，葡萄几乎都烂在了地里。徐卫东只能无奈地把腐烂的葡萄埋在地里，当作肥料。这一年自然是颗粒无收，收入全无。徐卫东也因此意识到自己的经营模式太过单薄，一旦遇到自然灾害，便无抵抗之力。

"不行！这样下去可不行！必须要增加葡萄园的抗灾害能力！可到底该怎么做呢？"徐卫东又开始头疼起来。

来得早不如来得巧，一次，徐卫东去上海游玩，在一个大型超市售卖进口水果的摊位上，看到了让自己不敢相信的一幕。

"您好！打扰一下，请问这个葡萄的价格是不是少标了一个小数点？"徐卫东指着一堆葡萄上的那个价签问道。

超市工作人员随意地瞄了一眼，说："没错啊，是88元一斤。"

"可葡萄不都是几块钱一斤吗？"徐卫东有些纳闷地说。

他还是有些不敢相信，一斤葡萄怎么能卖到88元钱呢！自己的葡萄才卖三元一斤，而且徐卫东敢保证，只要自己卖得再贵点，就一定没有人来买了。

超市工作人员似乎看出了徐卫东是外地来的，就停下了正在理货的双手，向他解释起来："这是进口水果，是从美国进口的加州红提，可不是什么葡萄！这个可好吃了，好多人都抢着买呢！你别看现在还有这些，这都是刚补上的货，等到了傍晚，想买都买不到了！小伙子，你是来上海旅游的吧！怎么样，你要不要买一点带回去给家人尝尝？"工作人员又热情地向徐卫东推销起来。

在听到工作人员的一番话后，徐卫东真的买了一斤美国红提回来。可对研究葡萄数年的他而言，不用品尝就知道，所谓"提子"就是葡萄的一个品种。他甚至知道这种提子的种苗是多少钱一棵。可为什么明明比自己种的葡萄苗贵不了多少，结的果实就可以卖到这么高的价格呢？徐卫东心里有些不甘心，为什么自己种的葡萄就只能是"低档货"呢？

回到家后，他第一时间联系了当地的农科院，申请购买国外的优质葡萄种苗。徐卫东在葡萄园中开辟了一个单独的实验园区，将他花钱购买的各种优质种苗都种在这里，悉心照料。这些种苗均来自世界各地，对土壤的要求各有不同，徐卫东就用自己的办法对这些优质种苗进行嫁接，希望能研发出一款适合在当地种植的优质果苗。

格局宽阔眼界开，竞争对手添光彩

徐卫东从十八九岁开始接触葡萄种植，一直到25岁小有成就。种植葡萄的几年里，徐卫东几乎日夜不休地守在葡萄园里，唯一一次像样的娱乐活动就是跟当时的女朋友，也就是现在的妻子看过一次电影。也许正是凭借这种韧性和执着，徐卫东的果园才能够在28年间从最初的两亩地，扩大到现在的1500亩地。

徐卫东成功后，村里有二十多户原本种植水稻与棉花的农户，都跟着他种起了葡萄。乡邻们刚开始种葡萄时，遇到任何疑难问题，都会找徐卫东求助。而徐卫东总是态度谦和，语速平稳地为大家一一解答。

在乡邻的眼中，徐卫东简直就是葡萄界的徐教授，几乎没有他解决不了的问题。但很少有人知道，为了研究葡萄种植，徐卫东付出过多少努力。他不仅订阅了《中国果树》《山西果树》《江苏农业科技报》等二十多种报纸杂志，还报名参加了中国农民大学的函授课程，取得了大专学历，圆了自己的大学梦。

手艺人常说："教会了徒弟，饿死了师傅。"可徐卫东丝毫不在意。他甚至希望能够有更多的人才投入到葡萄产业中。他认为，中国的葡萄产业还做得太过原始，有很大的发展空间。秉承"天下兴亡，匹夫有责"的信念，徐卫东真心地想为中国葡萄产业做点儿事。

在他的带领下，许多对葡萄一无所知的人，都慢慢发展成葡萄种植能手，取得了不错的收入。其中，最有名的一位就是张小虎。张小虎是句容市白兔镇人，他曾受过前任国家领导人胡锦涛总书记的接见，是当地著名的葡萄种植示范户。可就是这样一个在外人看来已经很专业的葡萄达人，仍然深深记得徐卫东对自己的全程指导。

"徐哥啊！我是小虎。我的果园又出问题了，有好多藤蔓上的叶子都变黄了，刚开始只有一两株黄色的，我没怎么当回事，这两天发现越来越多，这是怎么回事啊！都到这个时候了，可千万别出什么意外啊！我今年可全指望着这个葡萄园了啊！"张小虎在电话里急切地说着。

徐卫东听后也很着急，但他知道，光着急是没有用的，他对张小虎说："这样，小虎，你把变黄的藤蔓拍个照片发给我，光听描述是无法发现问题的。"

张小虎很快就拍了照片发过来，徐卫东看过后决定立刻赶往张小虎的葡萄园。徐卫东说："你这个问题我之前遇到过，必须马上解决，不然会蔓延到其他没病的葡萄,我马上帮你配点药。"

张小虎连声感激。

这样的情景在张小虎的记忆里已经不知出现了多少次,他已经习惯了有问题找徐哥。而像张小虎一样受过徐卫东指导的农户真的太多太多了。

擎起奥运火炬,将种子送上太空

正如徐卫东所说:"付出总有回报。"2008年,北京奥运会前夕,徐卫东作为苏州市新型农民代表,被奥组委推选为奥运火炬手。这是对他多年努力的最好肯定。

虽然他一直为身为一名农民而骄傲,但随着时代的进步,他也认识到,有一部分人已经觉得第一产业不重要了。不过,好在国家一直颁布诸多优惠政策来鼓励农业发展,所以,自己才有机会成为奥运火炬手。在火炬传递现场,徐卫东激动地擎起火炬,表达自己对祖国的热爱之情。

作为新型农民的代表,徐卫东也将这种精神运用到了产品经营中。徐卫东特别重视产品的无公害和绿色生产,他曾斩钉截铁地说:"我不能为了葡萄高产而无所顾忌地施用化肥和农药。如果生产出的葡萄危害健康、破坏环境,那就是缺德。"

徐卫东要求在葡萄生产全过程都使用有机肥料,采用葡萄园生草栽培方式,将葡萄枝叶粉碎后循环利用,从而减少化肥的使用;应用防虫网、黑光灯诱虫、反光膜、套袋等物理措施,保持果品有最好的品相,力求做到葡萄摘下来,不用清洗,可直接食用。

在徐卫东的严格要求下,他旗下的神园葡萄先后获得中国绿色食品认证中心的"绿色食品"认证,以及欧盟认可的GAP(良好农业规范)认证,成为江苏省第一个GAP认证的果品。

而早在2006年,由徐卫东培育出的五个新品种的葡萄种苗就搭载"实践八号"卫星,进入太空进行培育。徐卫东对这批进入太空的种子充满了信心。

经营有道,打造全新生态经营模式

挑选员工有诀窍,用人唯贤塑活力

在葡萄种植技术上,徐卫东早已游刃有余。而在人员管理上,徐卫东也绝不含糊。

农业生产的特殊性,造成很多人都不愿意从事农业,特别是年轻人。在不少人看来,从事农业工作便象征着老土、陈旧、繁重、工资低,这些现象带来了一种结果——即使徐卫东提供了中等偏上的工资，也依然留不住人才。

为了企业能够平稳有序地发展，徐卫东只好重点在 50 岁左右的人群中寻找一线员工。因为对于这些相对弱势的群体而言，会忽视农业工作是否体面的问题，他们也会真正关心个人待遇与发展。

但在公司一些中层职位上，徐卫东还是选用了较为年轻的人才。徐卫东总结道："这些受过高等教育的年轻人才进入公司后，确实给公司带来很多新气息。既然他们不愿意到一线去工作，那就让他们到高层从事管理工作。"

就像所有民营企业一样，徐卫东的企业也避不开众多亲戚朋友来园中任职这一问题。但他并没有将亲戚全部安排到高层从事舒服、体面的工作，而是根据个人能力，将其安排到合适的岗位。如果亲戚犯了错，徐卫东会像对待普通员工一般对亲戚加以批评、指正。这种用人唯贤的积极人才观为神园公司带来了更多活力。

拓展营销模式，线上线下结合

人才管理与技术方向确定后，那么产品营销该如何进行呢？

其实，在果园占地面积尚小时，徐卫东并没有过多地考虑产品的市场销路问题。因为葡萄产量小，作为小果农，只能选择随行就市。但当神园葡萄园占地面积达到1500亩后，徐卫东就开始慎重地思考如何将自家葡萄营销出去。

目前，徐卫东采用的最多、效果最好的办法就是"直销"。凭借多年的积累，神园品牌已经在当地积累了很多无形资产。每当葡萄成熟时，很多客人便会主动前来购买。

为了适应互联网时代的社会趋势，徐卫东开始尝试做微网站营销，虽然初期只赚了六万元，与直销渠道相差甚远，但这也让徐卫东尝到了甜头。他准备扩大营销规模，进入天猫商城，与顺丰等优质平台合作，将神园葡萄更好地通过线上方式推广出去，增强品牌的辐射范围。

积极研发新品种，争做葡萄界的"袁隆平"

在引进优质葡萄果苗上，徐卫东一向不惜时间和金钱成本。正因为这样，发生在徐卫东身上的两个小故事一直为人称道。

第一个故事让人欢喜。一次，徐卫东发现了一个品种的果苗，但种了几年后，葡萄品相却一般。其实，在同行业中，能把这种果苗种好的人非常少。

徐卫东在去外地参加培训班时听到同学说，河南省驻马店地区有一位果农很擅长种植这一品种的葡萄。于是，徐卫东在培训结束后，立刻赶到了驻马店。由于徐卫东并不认识这位果农，只能在当地打听。

几天后，徐卫东终于成功找到了这位果农，也看到了他种植的葡萄，品相确实非常好。徐卫东就想向果农要一株果苗回去种植，但对方不答应，毕竟这也算是人家的技术。徐卫东没有泄气，而是继续努力地劝说对方。终于，这位果农被他说服了，将果苗送给了他。

另一故事更让人欢喜。原来，徐卫东种葡萄在当地已经小有名气，他不惜重金，购买各国优质果苗的事情也远近皆知。

有一次，一个外乡专家来到葡萄园，徐卫东热情地接待了他，并向他介绍了几株长得特别好的果苗，其中就包括美人指。谁知道这个他原来是个商业间谍，他趁徐卫东不注意，偷了一株果苗藏在身上。但临走的时候，还是被徐卫东发现了，徐卫东追上前去，讨回来了部分果苗。

被偷果苗的地方因此空出来了，徐卫东随手就把旁边的枝条拉过来，种在了空地上，可没想到这随手的一个举动竟然让这个品种第二年结满了葡萄。就这样，徐卫东发现了美人指葡萄的秘密，想起来也真是一段颇为有趣的故事呢。

1999年以后，徐卫东开始积极与国外葡萄机构建立联系，交流并引进国外的新品种。2008年以后，徐卫东每年要出国一两次，专门考察国外的葡萄产业，与国外的葡萄专家交流，并达成合作关系。2009年，他邀请国外的葡萄专家来神园葡萄园考察并讲课。他先后与日本花泽葡萄研究所、植原葡萄研究所、志村葡萄研究所、以色列农业部葡萄中心达成合作意向。

徐卫东也在1999年开始进行杂交育种，研发新产品。他组建公司的科研部，规划出150亩地的园区，每年投入大量的人力、物力，建立了一个汇集全球各地1200多个品种的葡萄种质资源圃、砧木资源圃、实生苗资源圃；每年培植五十多个杂交组合，获得几千粒杂交种子，目前，获得四万多株实生苗；在已经结果的实生后代中，有七个品种获得了江苏省农作物品种审定委员会的审定。其中的"黑美人"葡萄，还被引进到日本，由日本的植原葡萄研究所种植销售，这是现在日本唯一销售的中国葡萄品种。

打造全新生态模式

徐卫东经过对国内市场调研与国外市场考察后，认为中国目前农业模式还比较传统。中央连续十年的一号文件中都涉及农业，内容都是与维护农业稳定相关。这与中国地大、人口多的事实紧密相关。

但国外发达国家的经验告诉我们，农业的产业链也可以很长、很丰富，这样农业才能在各大产业中更好地发挥作用。徐卫东认为，目前中国农业可以开发的功能包括生态功能、景观休闲功能和科普教育功能等。

根据国际一些调研组织的数据分析，当人均收入超过五万元人民币后，人们就会产生农业方面的休闲需求。而目前珠三角、长三角、京津唐等地区的人均收入早已超过这个数字，人们的生活压力也很大，对农业休闲功能的需求非常强烈。而传统的小作坊生产模式下的小农小户，又无法满足这种需求。因此，徐卫东计划在全国重点区域推进一个全新的，基于物联网的商业连锁模式——"神园连锁果园"项目。

2015年，徐卫东在陕西渭南、湖北麻城、江苏苏州建立了三个示范园，到目前为止效果非常理想。他准备利用自身的优势，将神园打造成全国葡萄种苗、技术、农资配送总部基地，以及连锁果园的加盟总部，发展形式丰富的葡萄再加工产品，如葡萄干、葡萄酒、葡萄籽油等，延伸果园的生态、休闲、科普、教育、养生、养老等新功能。

侠骨情怀，终身坚守葡萄事业

开办培训学校，让他人少走弯路

徐卫东在28年的葡萄种植生活中，渐渐摸索出了自己的道路，整理出了一套属于自己的种植手册。时至今日，他经常会回忆起创业那年，自己一个人到处寻求一切可以找得到的资源，读书、问人，在艰难与探索中才学会了如何种植葡萄。而在前进的过程中，他一直缺乏一个真正的领路人，即使在遇到困难时孤独无助，他也只能独自克服。

为了让其他果农不再经历这些折磨，但凡有人向他咨询，他都会毫无保留地说出自己的经验。徐卫东心想，自己曾经走过的弯路，为什么还要让后来人再走一遍？如果每行每业都如此的话，人类又何谈进步？文明又从何而来？可自己的辐射范围毕竟有限，平时工作也繁重，思前想后，他决定每年专门抽出一段时间，开设葡萄种植培训班。

徐卫东的培训班已经开设过好几次了，也受到了业内人士的好评和认可。可徐卫东还是觉得不够，因为自己的水平终归是有限的，他想让更多的人从中受益，希望中国两百多万葡萄从业人士能够集中力量，加速发展。

为了更好地传播葡萄种植层面的专业知识，徐卫东开始和台湾专家进行接洽，并合作开设了一家培训公司，将重点引进台湾观光农业等先进的农业理念，请台湾神农奖的获得者到大陆来为葡萄从业者进行培训。这种为全行业担忧尽责的情怀着实值得人敬佩！

葡萄是我的生命

人的一生有几个 28 年呢？最多不超过四个。而徐卫东已经将自己生命中最绚烂发光的 28 年倾注在葡萄产业上。

他曾坦言，创业初期，自己心里只有一个大概的方向，应该要从事农业，至于在农业中为什么偏偏选中了葡萄产业，则真的无法言说。慢慢的，随着对葡萄的了解与研究越来越深，葡萄已经成了徐卫东生活中不可分割的一部分。

你就是奇迹
YOU ARE A MIRACLE

28年的光阴逝去,葡萄早已深深嵌入了他的生命、他的灵魂,他已是一个能够与葡萄对话的人!徐卫东骄傲地说:"现在,葡萄就是我的生命。没有葡萄,就没有我徐卫东。"这句话让多少听到的人眼眶发热,短短的两句话,却满载了他的一腔真诚。

徐卫东在阐述未来规划的时候,总会兴奋地说个不停:"在未来,我要在全国每个适合的县城都开设一个神园连锁葡萄生态园,形成完整的产业链,生产更多葡萄深加工产品,开发葡萄的休闲、观光功能……"

伴着这段话,徐卫东的葡萄梦想还在延续,而神园的葡萄藤也仍在阳光下默默舒展着枝蔓。我们相信,在未来,这个以葡萄为生,有着一颗赤子之心的"葡萄王子",势必会带着他的情怀,开拓出一个不一样的葡萄产业格局。

专家点评

一个品种从开始种植到最后产出,没有十几年时间根本不行。卫东同志并没有经过专门的科班培养,但他为我国葡萄事业现代化发展做出了显著的贡献。他勇于创新,培育出一批具有我国自主产权的新的优良品种。他的工作业绩得到了全国葡萄界的公认,他是拼搏在葡萄战线上一名孜孜不倦的尖兵。

中国农学会葡萄分会会长　晁无疾

3 梁晓斌
小产品，大境界

企业家小传

梁晓斌，从美术艺术生到极具理想的创业者，他完成了这一身份的转变。

创业伊始，别人想方设法去赚快钱，梁晓斌却认认真真地去赚"小钱"，做别人都不注意，甚至看不上的数码产品生意。别人贪多求全，他却主动为自己砍去多余的业务。

他专注于自己感兴趣又强烈想做好的事业上。凭借着坚定的信念，他一步一个脚印地行走在满布荆棘的创业道路上，踏实地从产品到品牌，从品牌到连锁，从连锁到互联网，然后到资本市场，最终书写了属于自己的辉煌。

你就是奇迹
YOU ARE A MIRACLE

"你长大了，学费的事情该自己解决了！"此刻，梁晓斌的耳边突然闪过母亲的这句话。总觉得自己离创业很远，可他万万没想到，机会竟如此突兀地降临了。

恐惧、忧虑、思索与激情，哪一点他都有。梁晓斌想了想，那就放手一搏吧！5 000元的创始资金，加上三五好友，创业就这样开始了。

可所有的一切并不顺畅，难以开拓的市场，焦灼的讨论气氛，始终不赢利的状况，他身边的伙伴一个个地走了。但他坚持住了，就凭借一张小小的手机贴膜，他打造出了一个世界品牌——"阿迪普"。

坚持吧！坚持的人注定会有不同。

梁晓斌：小产品，大境界

创业，与生俱来的使命

一九七九年，

那是一个春天。

有一位老人在中国的南海边画了一个圈，

神话般地崛起座座城，

奇迹般地聚起座座金山。

春雷啊，唤醒了长城内外；

春晖啊，暖透了大江两岸。

啊，中国！啊，中国！

……

——《春天的故事》歌词

1978年，中国正处于经济体制变革的萌芽时期。这一年，安徽省凤阳县梨园公社小岗生产队（现小岗村）的18位贫苦农民在一盏昏暗的煤油灯下，伸出颤抖的手，在一张大包干的契约下偷偷地按下了手印。

此后，无数先知先觉的人便开始在各行各业的角落里，悄悄点燃了生财致富的火焰。几年之间，浙江萧山的鲁冠球、北京中关村的柳传志、广东佛山的李经纬、日后缔造"万科帝国"的王石等一批人已经为筑造自己未来的"商业大厦"打下了奠基石……

在这整个民族的财富梦如同决堤的潮水般迅速蔓延的年代，作为改革开放桥头堡的广东自然是领风气之先。

好像昨天广东人还在羡慕与自己一水之隔的香港，向往它繁华如天堂般的景象。但今天，那些衣着褴褛、黢黑肌瘦的广东人，已经开始建造属于自己的高楼大厦，开始追逐自己心中的那道彩虹：一道由干净开阔的马路、整齐明亮的厂房、闲暇恬淡的早茶以及浓浓的现代生活气息所组成的彩虹。

梁晓斌，便出生在那个年代的广东。

比起已经在商场上开疆拓土的鲁冠球、柳传志、李经纬、王石等，梁晓斌所在的年代以及环境，更让人敢想敢为。因为在这里，有充分的商业土壤让创业者培植梦想的种子。所以，梁晓斌从小便在心里形成了一个模糊的梦想，直到长大，他才明白这个梦想是什么。

梁晓斌说道："我出生的那个年代，邓小平同志在中国的南海边画了一个圈，这个圈就是我的家乡广东。这个圈为中国带来了福气，而这个圈也奇迹般地在我幼小的心里生根发芽……我在这个恢宏的时代里一天一天成长，梦想也一天一天地变大。长大后我终于明白了，它就叫作'创业梦'。所以我觉得，创业于我来说，是一种与生俱来的使命。"

梁晓斌：小产品，大境界

我的梦想，我的城

梁晓斌的家乡在广东肇庆。

肇庆，位于广东省中西部，与广西壮族自治区以及广东佛山、江门等市接壤。作为远古岭南土著文化的发祥地之一，在多个历史时期，肇庆均展露出了自己的特色。从14万年前，肇庆就存在人类活动，到5000年前，肇庆农牧业以及纺织业的发展，都展示出肇庆强大的文化底蕴。

肇庆的发展如细水长流，沁人心脾。随着人们对文化产业的关注，肇庆也逐渐发展成了旅游名城，在安静与淡泊中向人传递一种祥和之感。

幼年的梁晓斌就在这样看似发展缓慢、生活平淡安逸的环境中无忧无虑地成长着。

也许是这样纯朴的环境，让幼小的他喜欢上了绘画。梁晓斌人生中的第一个梦想，是做一名画家，这个梦一做就做到了大学。从城乡走向了大城市广州，梁晓斌一直将达·芬奇、毕加索、梵高、徐悲鸿等绘画大师视为偶像，这些自我学习的经历奠定了梁晓斌对事物极高的鉴赏力。

终于，在招生6000人、录取300人的严酷形势下，梁晓斌幸运地考入了广州美术学院。

如果不出意外，梁晓斌的人生之路将会一直与颜料、画笔有关。朝阳初升的清晨，日暮渐浓的黄昏，在流水潺潺的溪畔，在芳草萋萋的幽谷，都会留下他的印迹。几十年后，若他成功了，便是一位了不起的画家；若失败了，便是一名普普通通的画师。

可是，意外就偏偏发生了，这个为梁晓斌带来意外的人，就是他的母亲。母亲真正唤醒了梁晓斌内心深处的创业梦，让他意识到创业是他与生俱来的使命。

顺应创业浪潮，慈母勇敢下海

一九九二年，

又是一个春天。

有一位老人在中国的南海边写下诗篇，

天地间荡起滚滚春潮，

征途上扬起浩浩风帆。

春风啊，吹绿了东方神州；

春雨啊，滋润了华夏故园。

啊，中国！啊，中国！

……

——引自《春天的故事》歌词

20世纪90年代初，改革开放的总设计师邓小平再次来到广东，这让改革开放的浪潮汹涌澎湃。而对于20世纪90年代的广东来说，这里就是创业者的天堂。只要你有梦想，只要你有干劲，只要你有不错的创业思路，那么广东就是最适合你创业的地方。

关于那段时期，著名财经作家吴晓波曾这样描述。1992年，邓小平第二次去深圳，发表南方谈话，因此，1992年被称为"中国第二轮启动改革的契机"。在这个背景下，中国出现了第三次的创业浪潮。

他说，参与第一次创业浪潮的是农民，第二次的是城市边缘人士，这次（第三次）的是中国社会的主流精英人群，比如一大批的知识分子、公务员。

的确，1992年是中国历史上第一批公务员下海元年。他们主要从事房地产行业、服务业。代表人物有潘石屹、冯仑等。

而梁晓斌的母亲便顺应时代趋势，走入了创业浪潮。在这样的社会环境影响下，加上母亲的熏陶，让梁晓斌在心底默默地说："将来，我也要像母亲一样，坚决不在一成不变的生活中终老此生。"

创业是一种与生俱来的使命，这句话不仅仅是对梁晓斌说的。准确来说，对于成长于改革开放三十余年里的所有年轻人来说，创业是每个人血液中流淌着的因子。不论是在城市里看着高楼与车流长大的孩子，还是在农村里听着田间的蝉鸣声长大的孩子，每个人的心里都有一股子强烈的创业欲望。

只不过，梁晓斌的血液中奔涌的创业因子比别人更多，他心里的那股子创业欲望比别人更强烈，强烈到能勇敢迈出很多人都会犹豫的第一步。

在母亲放弃"铁饭碗"下海创业后，梁晓斌已经步入了大学。就在梁晓斌努力为自己以后的创业开始积累经验的时候，创业的机会却突然降临了。

当然，那是一个怎么看都不像是机会的机会，如果非要准确形容这个机会的话，"催化剂"三个字也许更为适合。

干！就要做"抛硬币的人"

对于梁晓斌而言，让他第一次发现自己拥有创业梦的人是他的母亲，而给梁晓斌第一次创业机会的人也是他的母亲。

有一次，梁晓斌向母亲要大学学费，母亲却回了他一句让他意想不到的话："你长大了，学费的事情该自己解决了！"

那一年，梁晓斌才上大学二年级，只是个二十出头的毛头小伙子。

毫无疑问，创业永远是一个极具诱惑力，却又让人心生畏惧的话题。因为，每一个创业者从一开始都是一个抛硬币的人，当那枚硬币带着清脆的翻转声打破空气的宁静时，等待结果的人的内心却是五味杂陈的。他们在思索，硬币落入掌心的那一刻是什么结果，是正面朝上？还是反面朝上？何处是成功？何处是失败？

梁晓斌决定做那个"抛硬币的人"，他给自己制定了一个两年的创业计划。决定了，就开始干！年轻就是最大的资本，对于20岁的毛头小伙子而言，人生字典里绝对容不下"退缩"这个词！

梁晓斌：小产品，大境界

两年时间里，梁晓斌做过电脑城装机、平面设计等工作，时间也很快过去了。两年的时间里，梁晓斌的创业思路并未终止。

期限一到，梁晓斌便找到几位好友商量一起创业的事情。梁晓斌的创业想法就像一块散发着诱人香味的蛋糕，很快就吸引了几个想与他一同做出一番事业的年轻伙伴。

梁晓斌决定创业的那一年是2003年。

2003年上半年，SARS幽灵横扫全球，但是中国经济依然强劲增长，年底时候国内生产总值的增长率惊人地达到了9.1%，创下了新的纪录，这一年是自1997年以来，增长最快的年份。制造业和房地产行业迅速发展，中小企业的增长数量更是达到了惊人的地步。

不过，对于梁晓斌和他的创业伙伴们来说，他们真正感兴趣的是互联网。此时，马云、张朝阳、丁磊等依靠互联网这片江湖闯出一番名堂的"创业新贵"，早已经成为他们心中的"时代偶像"。

他们的心里有很多关于互联网的"金点子"，想到了网络订餐，想到了创办一家独一无二的网站，甚至想发起网络购物保险，即类似今天的支付宝。他们相信，用不了多久，他们就能够在互联网这个大金矿里淘出第一桶金。

梦想是美好的，现实却总是残酷的。当梁晓斌和他的创业伙伴选择好了创业方向时，却发现他们根本无法在互联网这个极具发展前景的板块中攫取第一桶金。原因很简单，他们仅能拼凑出5 000元的创业资金。

5 000元的创业资金，在2003年连一台像样的电脑都买不起。

一个连一台像样的电脑都买不起的创业团队，还想象着书写马云、丁磊、张朝阳等人的互联网传奇，这简直就是个笑话！

既然互联网这条路走不通，那接下来该怎么走呢？梁晓斌的答案是，既然无法在互联网这个巨大的金矿中掘金，那么就在与互联网紧密沾边的数码产品上打开一条缺口。从互联网方面找不到机会，那就去做实业！

现在回头看看，梁晓斌和他的创业伙伴们的选择无疑充满了很多遗憾。他们遗憾地错过了互联网这个风口。

不过，对于创业资本只有5 000元的一群年轻人而言，他们选择在自己力所能及的范围内去寻找创业的突破口，无疑也是一种正确的选择，毕竟数码产品在此后也得到了迅猛发展。再者，当时正值互联网泡沫破碎后的"寒冬期"。

梁晓斌与他的创业伙伴们选择从事数码产品这一方向，除了资金问题及互联网正处于"寒冬期"之外，另外一个原因就是出于对这一行业的喜爱。

在那个电脑和手机还未普及的年代，年轻人对于新兴数码产品的好奇与喜爱已经成为一种大趋势。所以，在梁晓斌与他的创业伙伴们看来，伴随着互联网时代的到来，手机等数码产品将会成功晋升为消费者极度追捧的新兴电子媒介。

好吧，那就向数码产品领域进军！

梁晓斌：小产品，大境界

我和我的"中国合伙人"

我们这代人最重要的是改变，改变身边每个人，改变身边每件事，唯一不变的就是此时此刻的勇气。如果我们能做到这点，我们将改变世界。

——引自《中国合伙人》

上面这句话源自2013年一部非常火爆的电影——《中国合伙人》。这部电影讲述了在20世纪80年代，三个怀有热情与梦想的年轻人，在高等学府北京大学的校园内相遇，从此开启了长达30年的友谊和梦想征途。

电影中讲道，偶然机缘下，因为创业被开除公职的成东青在王阳的帮助下办起了英语培训学校，开始品尝成功的喜悦。在美国发展不顺的孟晓骏回国后加入学校。这无疑推动三个好友朝着梦想迈进了一大步。只是随着成功的降临，他们的友情也开始面临严峻的考验。争吵、分歧，甚至打斗，开始在三人之间上演……

毫无疑问，梁晓斌在他的团队中所扮演的角色就是《中国合伙人》里的成东青，他是创业的发起者，是"带头大哥"。所以，成东青在创业之初遇到的很多合伙人之间的问题，梁晓斌在一开始也遇到过。不过，与成东青相比，梁晓斌前面的路则更为坎坷。

有句老话说,一个和尚挑水吃,两个和尚抬水吃,三个和尚没水吃,言下之意就是指合伙人之间缺少团结精神。

在梁晓斌创业之初,他的团队就遭遇了散伙儿的困境。他的创业团队一开始有五个人,还没过多久,就有两个成员离开了。离开的原因十分简单,因为大家都不赚钱。这对于梁晓斌来说,无异于当头棒喝。

在回忆那段经历时,梁晓斌说道:"那个时候,我们每个人想的东西都比较大、比较空,总觉得自己有能力,应该一年赚一两百万。实际上,在这些大项目的构思中,一个刚起步的年轻团队根本不具备实力。在一次次经历互联网项目的测试失败后,整个团队都失去了信心,这个时候第一个合伙人离开了。"

在经历了团队成员流失的挫折后,梁晓斌并没有气馁。相反,他则像成东青一样继续奋力行走在创业大路上。

别人看不到微小的数码配件的价值,梁晓斌却视若珍宝。创业初期,为了生存下去,他们一边寻找创业的切入口,一边闯入SARS病毒满天飞的香港,倒腾二手手机。

正是在香港与内地倒腾二手手机的过程中,梁晓斌发现了当时正处于蓝海的数码配件市场。而其中最不起眼的手机贴膜,在韩国、日本及中国香港等地已经出现。当时,梁晓斌想到,已经在发达地区开始大面积普及的数码配件,未来必定会迎来黄金发展期。

一个优秀的创业者,除了坚定、勤奋等品质之外,一定还要有独到的眼光。毫无疑问，梁晓斌就是这样的人。他的判断是正确的，在此后的十余年间，手机、数码相机等数码配件迎来了爆炸式的发展期。

小米科技创始人雷军说："站在风口上，猪也能飞起来。"相关数据显示，2003年我国电子信息产业经济发展态势良好，企业数量继续增加，到2003年年底，整个行业拥有企业数量17 506个，比2002年同比增长27%。其中，电子制造业企业为10 506家，比前一年增长了16.5%。

而梁晓斌与他的创业伙伴们无疑是站在了风口上。选准进军领域之后，梁晓斌并未像一般创业者那样，只是以赚"快钱"为目的，而是以打造品牌为核心。他引进欧洲爱自由和爱创造的文化，最终凝聚成"阿迪普"这个品牌，坚持打造一种"不做大多数"品牌的个性文化。

随后，他和他的创业伙伴们在一间不到八平方米的小房子里开创了属于他们的公司——普亚电子。

当然，上帝总是喜欢勇于坚持的奋斗者。很快，梁晓斌就迎来了创业后的第一个快速发展期。从互联网到实业，通过买卖数码配件，梁晓斌经营的13种品类的数码配件一下子火爆起来。

但好景不长，很快公司又一次掉入了商业的误区。由于缺乏管理经验，库存积压过剩，加上思想不统一，第二个合伙人在最困难的时刻提出了离开。

此时，团队只剩下三个合伙人。有人曾说："铁三角关系是最牢固的组合，此话究竟是否正确呢？"

2003年年底，由于产品库存过剩，加上品类繁多，公司资金链出现了严重问题，公司面临倒闭，团队信心备受打击。

在预计公司活不过半个月的时候，奇迹出现了！

一位姓陈的客户打来电话说："你们上次的样本测试通过了，我们要补个单，但是比较急。如果你们能及时赶出来，后面还会有稳定单量的。"

电话挂断后，大家开始统计，这张订单竟然超过了10万元，整个团队像在沙漠中遇到了绿洲一般，瞬间焕发了斗志。为了这个订单，几个合伙人连夜召集家人、朋友帮忙赶工，通宵忙碌，直到第二天下午，成功将订单交到客户手中，大家绷紧的神经才敢放松下来。

此后，这样的危机也陆续出现过几次。经历得多了，大家也在艰难中慢慢成长起来。有了这些经验，梁晓斌处理危机也越来越从容。

一张救命的订单挽救了整个公司。此事刚过，梁晓斌便作出了一个艰难的决定。他对另外两位合伙人说："我们应该将其他12类产品全部砍掉，只剩下手机贴膜一个产品。"

整个团队成员都惊呆了。曾经有很长一段时间，大家为此争论不休。因为在当时的状况下，明明每个产品都很赚钱，为什么要砍掉呢？为什么要单单选择那一张小小的手机贴膜呢？

梁晓斌只回应了两个字——"聚焦"。其实，有时候钱一点点的积累反而会更快。

可是，创业之路注定是一个不断经历坎坷的历程，梁晓斌很快就遇到了新的困境。当时手机贴膜处于一个尴尬的局面，虽说竞争力小，但普及度也并不广。所以，梁晓斌的手机贴膜生意做得并不好，但他并没有为此气馁。

清代大文豪蒲松龄说得好："有志者，事竟成，破釜沉舟，百二秦关终属楚；苦心人，天不负，卧薪尝胆，三千越甲可吞吴。"梁晓斌和他的创业伙伴们正是以卧薪尝胆的坚毅和破釜沉舟的勇气去推广自己公司产品的。

那个时期，广州的黎明、深夜，都有他们四处奔波的身影及努力拼搏流下的汗水。白天拖着皮箱在电子市场推销，晚上在公司设计产品包装、找原料、核算账务。

终于，他们的订单多了起来，企业规模也越来越大。接下来，他们引进多台大型机器模组，保护系列产品生产线，开始正式投产。到2004年年底时，梁晓斌和他的创业团队竟然创造出了1000万的销售业绩。

从5000元到1000万，这是一个多么令人震惊的改变！除了奇迹，你想不到用更好的词语去形容。创业伊始，第一缕阳光洒进来的时候，等待梁晓斌和他的创业伙伴们的却不完全是欢快与激动，随之出现的则是"中国合伙人式的裂痕"。

梁晓斌是一个很儒雅的人，看上去更像是一位满腹诗书的青年学者，因此他在团队中从未轻易动怒，除非别人触碰了他的底线。而他的底线就是不允许欺骗。梁晓斌说:"我觉得人与人之间最重要的就是相互信任,不能欺骗,所以不相互欺骗是我的合作底线。"

很不幸,梁晓斌所遭遇的正是欺骗,一位创业伙伴欺骗了他们。那位创业伙伴经受不住市场的诱惑,悄悄注册了一个新的公司,挖走了普亚公司的核心人才和重要客户资源。由于当时的数码市场并不像现在这么大,很快梁晓斌和另外一位创业伙伴就察觉了。第三个合伙人在事情败露之后,便主动找到梁晓斌,说自己另有发展,决定"单飞",所谓的"铁三角"也就此破裂了。

知道被自己非常信任的创业伙伴欺骗之后,梁晓斌并没有表现得非常生气,而是极度难过与伤心。因为那位合伙人和梁晓斌之间,除了合伙人这一层关系外,还有一层梁晓斌非常看重的关系——他们是20年的兄弟,而且是多年的同学。

最后,梁晓斌选择了克制与包容,他说:"毕竟我们几个合伙人都是同学,同学是我们合伙的基础。其实我觉得,并不是他们要离开,而是我没本事留住他们。"

上帝从来都是公平的,他带给一个人不幸的同时,也会带给他幸运。一位创业伙伴选择了背叛,另一位创业伙伴却选择了坚守。现在,最后剩下的那位和梁晓斌一起奋斗的创业伙伴还与他站在同一个战壕里,那个人就是如今普亚海外事业部的负责人王钰坤。

王钰坤与梁晓斌是从小就认识的好同学、好伙伴、好朋友——从幼儿园到大学，他们都是同学，毕业后又一起携手创业，4岁起就认识的他们，已经是三十余年的兄弟了。

所以，创业12年来，他们之间也会像其他合伙人一样争吵，但是仅仅限于事业分歧上的争吵，即便有时会"冷战"几天，但也会很快坐在一起，重新为了梦想继续前行。因为他们是非常了解彼此的好兄弟，都是互相包容对方的人。

梁晓斌说："在一些事情上，我们之间有不同意见，但是吵完之后，我们很快就会没事。有的时候问题在吵之前没有解决，吵完之后就解决了。"他们有着一种"和而不同，包容互助"的默契。梁晓斌自豪地说："也许我们不是最赚钱的企业，但却是合伙最久的企业。"

要做第一品牌，但更要活着

两千年前，"亚圣"孟子在指点江山时发出了这样的感慨："天时不如地利，地利不如人和。"身边有了一位能够与自己并肩战斗的合伙人后，梁晓斌又招募了很多的优秀人才，此时便拥有了"人和"这一关键的创业条件。如果把创业比作一场战争的话，那么梁晓斌已经拥有了逐鹿天下的一项重要资本。

可是，在当前这个竞争异常激烈的商业年代，仅仅拥有了"人和"还不够，你还得拥有自己的品牌，不论你在哪一个行业里创业，一个用优秀的创意和出色的品质等重要元素所构成的品牌，才是你打赢一场创业战争的最强大武器，因为品牌就是生命。

打造属于自己的品牌，其实是梁晓斌从创业伊始就非常注重的事情。伴随互联网时代的到来，手机成功晋升为消费者极度追捧的新兴电子媒介。梁晓斌也放出狠话："我要成为行业第一！让阿迪普品牌成为行业第一品牌。"

当时的国内手机保护贴膜市场，可以用"乱象丛生"四个来字形容。单从价格来看，从几块钱到几十块钱，各类产品应有尽有，却唯独缺少令人印象深刻、爱不释手的品牌。这样的市场现状，让极具商业头脑的梁晓斌找到了品牌发展的关键点。走品牌之路，就是通往行业第一的捷径。

可真正做起来，梁晓斌却发现这件事并不简单。难归难，梁晓斌并没有退缩。因为他知道，要做行业第一品牌，并不是一朝一夕可以实现的；当前最重要的事情是活着，只有在这个市场上活下去，才有机会做出自己的品牌。

所以，在国内市场打不开的情况下，梁晓斌选择了走国际路线，凭着卓越的技术水平、独家原装材料以及非凡的品质保证，阿迪普迅速成为保护产品系列最专业的制造商，取得多家国内外知名品牌保护系列产品的代工生产权。

对于很多创业者而言，让企业活下来本身就是一种不小的成功。因此很多创业者在活下来之后，便开始贪图安逸，一开始的雄心壮志在"小富即安"中一点一点流逝，直至荡然无存，最后沦落为"小作坊主"。然而，这样的情景并没有发生在梁晓斌身上。

在活下来之后，他立刻开始深入海外市场进行考察，发现国外对于品牌、品质等概念的认知，对相应中高端产品的接受力要远远强于国内。于是，不忘初心的梁晓斌马上作出了一个非常重要的决定，就是将赚到的大部分钱全部投入到产品品牌的打造上。

经过不断的坚持、摸索、创新，他们攻克了一个又一个困扰行业多年的技术难题，如AFG（指纹分解技术）、ITO（热感应导电技术）等。梁晓斌的努力终究没有白费，此后的几年里，坚持走品牌化发展之路的普亚集团创造了一项项耀眼的纪录。

2005年，成功通过SGS（全球领先的检验、鉴定、测试和认证机构）国际质量认证体系ISO9001。

2006年，参展第三届中国国际中小企业博览会，受到参展商及国内外供销商、代理商的一致好评。

2006年，在参展第100届中国进出口商品交易会中，与意大利、美国、俄罗斯等国家的知名企业达成合作意向，奠定良好的发展前景。

2007年，获得广州市海珠区民营科技企业认定，公司接受广州电视台新闻中心采访。

2008年，正式走出国门，参加全球最大的电子产品展会，如美国国际消费类电子产品展览会（CES）、德国柏林消费电子展览会（IFA）、海湾信息技术（GITEX）等。

2009年，梁晓斌的公司普亚集团已成功揽获了18项自有数码产品技术专利，再加上领先的生产工艺、筛选流程、品控系统，保证了"阿迪普"品牌产品优于同行业的产品，迅速在行业中建立起了一流的核心竞争力。与此同时，梁晓斌在品牌建设和国内销售渠道的建设上，也不惜财力、物力，既为打开市场，更为赚取经验。梁晓斌说，只要能活下去，就一定坚持走品牌发展之路。

我的奇迹，我来书写

当蜘蛛网无情地查封了我的炉台，
当灰烬的余烟叹息着贫困的悲哀，
我依然固执地铺平失望的灰烬，
用美丽的雪花写下：相信未来。
……
我坚信人们对于我们的脊骨，

> 那无数次的探索、迷途、失败和成功,
>
> 一定会给予热情、客观、公正的评定,
>
> ……
>
> 朋友,坚定地相信未来吧,
>
> 相信不屈不挠的努力,
>
> ……
>
> ——节选自食指《相信未来》

正如诗人食指在《相信未来》中写的那样,当困境如蜘蛛网一般笼罩在头顶之上时,梁晓斌和他的创业伙伴们始终都相信他们会成功,相信他们可以书写辉煌的人生传奇,他们在心底默念着:我的奇迹,我来书写。

相比在海外市场上的一帆风顺,迟迟打不开的国内市场一直是梁晓斌和他的创业伙伴们内心深处最大的伤痛。

创业三年之后,梁晓斌决定重新杀回国内市场,"既然自己的产品在国外的很多发达国家都卖得很好,那为什么不能在国内杀出一条血路呢?"带着这样一种雄心壮志,梁晓斌决定重返国内市场,可残酷的现实再次给了他当头一棒。当时的情况是,几乎没有经销商愿意销售他的产品,原因是他的产品太高端了。

当时,国内的手机贴膜的销售渠道仍然非常传统,几乎全部置于数码产品店、手机店等地方。当梁晓斌带着推销员们将产品放在经销商的面前时,他们在遭到拒绝的同时,还遭受了嘲讽和驱赶。

很多时候,梁晓斌还没能把阿迪普保护贴膜的优点介绍完,就被人赶了出来。一位手机店店主带着轻蔑的表情说道:"我这些货既时尚又便宜,你推销的东西连个图案都没有,贴到手机屏幕上像没贴一样,一片进价还要十几块甚至二十几块,谁买啊?发神经!"整整一个月,竟然没有一家店愿意销售他的产品。

怎么办?

梁晓斌给自己的答案是努力办。努力办不代表只是一味地蛮干,要想创造奇迹,就必须有妙招。梁晓斌的妙招分三步。

第一步,讲大势,主打心理战。话术如下:"'阿迪普'保护贴膜卖得贵,这是因为手机市场本身高、中、低档就比较混乱。而在将来,高端产品将会一枝独秀,相比那时候的电子产品的品质与价格,你会觉得再销售低端货拿不出手。"

第二步,比品质,主打品牌战。话术如下:"阿迪普的保护贴膜跟你说的那些是不一样的。'阿迪普'产品采用日本PET(聚对苯二甲酸乙二醇酯)基材,一面是高技术静电环保硅胶,另一面是经过高科技防刮防辐射高清处理的特殊材料,这么薄薄的一片其实是高科技产品,对液晶屏幕有保护作用,又能防辐射。你原来的货就是一片塑料,没有任何作用。"

第三步，利诱，主打利益战。话术如下："'阿迪普'保护贴膜贵是贵了点，但做你们这行的肯定都知道，现在卖电脑的不如卖电脑耗材的，卖手机的不如卖手机配件、手机耗材的。也许你卖一部手机赚到的净利润，还不如卖我的一片保护贴膜呢！"

妙招果然是妙招。经过一段时间的努力，梁晓斌和他的营销团队，终于将产品摆放在了全国各地的知名苹果连锁点和KA（key Account，即关键客户或重点客户）卖场的货架上。由于"阿迪普"手机贴膜的品质出众，同时又能为经销商获得更高利润，所以他们很快就在市场上打开了销路。

随后，梁晓斌带着他的创业团队继续努力，坚持走高端营销路线，并且与时俱进，紧贴市场潮流，以专业为生产之道，以诚信为服务之本。普亚电子逐渐成为国内数码配件领域内一家口碑与规模都相当不错的企业。

在国内市场上站稳脚跟后，梁晓斌的目光又扫向了数码饰品这片新的蓝海。

2008年，一场百年不遇的金融危机横扫全球，在各行各业都受到影响之际，梁晓斌的摊子却越铺越大。不论是在国内市场上还是在国外市场上，"阿迪普"的品牌发展和渠道营销都迈上了新的台阶。

此后，梁晓斌又以国际标准作为核心，大打造势牌。这一年，他投入大量资金进行宣传，使"阿迪普"相继获得"CCTV央视网招商频道战略合作伙伴""CCTV央视网最具投资价值品牌""SGS国际质量认证体系产品"等荣誉称号。

而随着触摸屏技术的发展和大量高档触摸屏数码产品的上市，高档保护贴膜成为众多消费者的必需品，对高档保护贴膜的刚性需求日益强烈。

"阿迪普"主推的磨砂、高透产品，成为2011年市场上最畅销的产品；随后他们不断研发，紧接着推出了防指纹、超清等新技术主导的产品。

2011年，梁晓斌将业务重心转移到终端销售上来。2011年年底，阿迪普在国内二十多个省市和地区都拥有了代理商，有近3000个终端渠道点。更为重要的是，APPLE、索尼、HTC、佳能、奥林巴斯等国际企业陆续与梁晓斌达成合作，"阿迪普"成为其标准配件供应商。

2012年初，普亚集团在香港春季电子产品展览会上首家发布钢化玻璃膜等新品，身为香港普亚国际集团总裁的梁晓斌，在接受采访时表示："'阿迪普'将在2012年拓展数码饰品连锁市场，并努力在国内占据遥遥领先的地位；2013—2014年，完成在亚洲、欧洲和美洲的产业链布局；2016年将成为'世界数码饰品行业的第一品牌'。"

梁晓斌并不像很多口出狂言的人，只是说说而已，他是一个实干派。在2013年，他一手打造的"阿迪普"品牌获得"亚洲品牌成长100强"，同时在MacWorld苹果大展中荣膺"最佳保护类创意奖"，而他个人更获得"剑桥世界杰出华人榜"企业家贡献奖的殊荣。

为了推进数码饰品连锁的发展，他将该项目命名为"1050数码生活馆"。在2014年，他将该项目推向了高潮。他参加了全国性的"你就是奇迹"创新商业项目评选大赛，在上万个项目竞争中最终进入32强，得到了多家投资公司的青睐。

随着时代的发展，"互联网+"、4G时代来临。政府正全面支持拉动内需，加大了对科技、信息以及环保产业的扶持，这让数码产品有了较大的发展空间。顺着政策之风，普亚集团发展得更快。

面对风起云涌的"互联网+"时代，普亚集团在继续保持之前的发展势头时，又推出全国首家从产品到数码连锁体验店的C2B（consumer to Business，即消费者到企业）平台，并通过1050vip.com数码生活馆垂直细分线上平台，为数码粉丝们提供更多性价比极高的数码饰品。这一举措盘活了线下数码店，同时整合其他商家入驻平台，让整个数码配件同行为之一震，纷纷决定加入这个平台。

有人会问，梁晓斌打造出的1050数码生活馆究竟具备怎样的优势？

第一，以10元、20元、50元价格销售主流产品，坚持"优质、优品、优价"的理念。

第二，数码配件行业首家有O2O（online to offline，即线上到线下）线下100家全国性加盟店的覆盖系统，可有效解决网络与实体的冲突问题。

第三，区别于天猫、京东的大型百货，只做细分行业数码生活配件的商城，有线下与线上之分。

第四，让合作方变得越来越轻松，运用互联网口碑传播模式获利，推动消费者在线下体验、线上购买。

2015年9月20日，梁晓斌带着他的团队在深交所前海股权交易中心成功挂牌，普亚终于迈入了资本市场。上市当天，梁晓斌并没有表现得异常喜悦，他只是和平常一样，说了一句让人深思的话："只要在路上，就没有停下来的理由。"

现如今，梁晓斌和他的团队已经在国内数码饰品领域拥有了很高的市场地位。当年，那个依靠5000元创业的年轻人，早已成为所在领域内的龙头老大。现在，普亚旗下产品不但拥有了一大批的粉丝用户，也成为"品质+潮流"的代名词，是时下年轻一族长期追捧的个性化品牌产品。

后记：一个创业者的时代肖像

关于梁晓斌，他给你的第一印象一定是一个让你感到熟悉而又陌生的词汇——理想。

你一定会惊讶地问自己，为什么是理想？我们从小就习惯了用敦厚、踏实、聪明、儒雅，甚至是油头滑脑等极具一个人性格特点的词汇去形容别人给你的第一印象。可是，无论你再怎么惊讶，无论你再怎么对自己的念头感到费解，你最终还是不得不承认，这是你能够想出来的最恰当的一个词。

梁晓斌，就是一个极具理想的创业者，是具有坚持、务实、专注等特征的创业者。

创业伊始，别人想方设法去赚"快钱"，他却认认真真地去赚"小钱"，做别人都不注意，甚至看不上的数码产品贴膜生意。别人贪多求全，他却主动地为自己砍去多余的业务，主动做减法。

他专注于自己感兴趣，又强烈想做好的行业，凭借着坚定的信念，一步一个脚印地行走在满布荆棘的创业道路上，踏实地从产品到品牌，从品牌到连锁，从连锁到互联网，再到资本市场，最终书写了属于自己的辉煌。

80后创业新贵，聚美优品董事长陈欧，曾这样形容自己的创业之旅："梦想注定是孤独的旅行，路上少不了质疑和嘲笑。但那又怎样，哪怕遍体鳞伤，也要活得漂亮。"

其实，梁晓斌与陈欧都属于同一类人，他们都是同龄人中的翘楚。他们用聪明才智和遍体鳞伤，掀翻了扣在头上的"垮掉了一代"的帽子，证明了他们这一代人比父辈更有闯劲、更有创造性和更勇于追逐梦想！

这，就是年轻创业者的时代肖像。

你就是奇迹
YOU ARE A MIRACLE

专家点评

  我和梁晓斌认识八年多。初次看到他时，我觉得他有一股非比寻常的锐气，只要他想做成一件事，那他必然能做成。时至今日，我的结论得以验证。

  他经常与我和朋友们聚会，总是三句话离不开本行，他对数码事业不能用"热爱"来形容，应该是"极致痴狂"。我想他是在享受创业，而并非追逐名利，就是这种"不为彼岸，只为海"的奋斗精神成就了他。

中国式营销教父 张晓岚

4 薛行嶙
时代脉搏上跳动的文化继承者

企业家小传

薛行嶙，河北弘传定瓷文化创意有限公司创始人，他是一位以"痴瓷"闻名遐迩的艺术家，他把全部精力和满腔热血都献给了定窑文化。

薛行嶙拥有专业的科研团队、精湛的生产团队和新锐的创意团队，他的公司位于有着三千多年历史的清朝直隶总督署所在地——保定。他秉承"弘续千年窑火，传承万代定瓷"的历史使命，凭借中国大力发展文创产业的春风，投身到定瓷发展的事业。

你就是奇迹
YOU ARE A MIRACLE

  这是一个让人感到寒冷的季节，远处的庄稼和道路两旁的植被都散发着一种让人窒息的味道。

  在这个毫无生气的季节里，河北一个窑口中的人们却格外忙碌。走进去一瞧，有一个灰头土脸的人正认真地将产品从一个工序转到下一个工序。

  没有多余的动作，也没有任何表情，他专注的精神似乎已和这个窑口融为一体。他厚厚的棉衣沾染了不少灰尘和釉质，鞋子也被一些坚硬的东西划出了口子。他的双手变得粗糙不堪，被岁月风化过的脸庞上，有着一双深深凹陷的眼睛。

  看着这样的场景，你也许会联想他到一个小作坊主。但谁也想不到，他其实是一个获奖无数的不折不扣的艺术家！

定瓷缘起，一心发扬文化产业

这个看起来穿着打扮并不考究的人就是薛行嶙。

无论如何，你也无法将他和"艺术家"三个字联系在一起，他看上去和大街上的路人没有两样。没有华丽的衣着，没有宽敞明亮的办公室，有的只是和三五好友围坐在一起，滔滔不绝地讨论艺术的激情。有人不禁疑惑，成日在窑口与黄土相伴的人，怎么谈艺术？然而，在薛行嶙的世界里，平凡的环境与他追求梦想的心并不冲突。

艺术家族渊源，注定与定瓷结缘

2009年，是一个再普通不过的年份，人们如往常一样，忙着平日里的工作……但对薛行嶙而言，2009却是他人生的分水岭。现在每每谈起往事，薛行嶙都要把2009年的经历反反复复说上几遍，然后再发出一种对生命的感叹。

2009年，薛行嶙怀着一种轻松惬意的心情走进了曲阳县。薛行嶙原本是为了考察河北美术现状而来，但这次经历让他的人生发生了逆转。

在小小的曲阳，有着最动人心魄的定瓷。一天，薛行嶙和师兄去古董店里看了两件定瓷瓷器，顺便聊起了关于定瓷的事。初次了解到定瓷的薛行嶙热血澎湃，出于对艺术的热爱，他默默地告诫自己："接触定瓷的那一瞬间，我便知道，我生命的归属就在此地。定瓷窑口不应该是这样的现状！我一定会回来的！"

那种无声的呐喊在落寞的县城显得那么单薄，心中那没有喊出的声音却改变了薛行嶙的一生！这似乎是件不可思议的事情，但看看薛行嶙的身世，你就会发现，他的这个决定并不突兀，也并非缺乏谨慎的思考，这一决定与他的生活背景有着密切的联系。

薛行嶙生活在一个有着浓厚艺术情结的农民家庭，从爷爷到伯伯们都各怀绝技。薛行嶙的二伯是张绳武（张绳武1885—1968，河北省滦南县人。皮影艺术界和东北、华北地区公认的"皮影大王"）的入室弟子，在皮影和雕刻艺术上有很高的造诣，在绘画方面也颇有建树；三伯精通乐器和厨艺，吹箫和横笛也很棒。

薛行嶙的父亲也是一个很喜欢热闹的人，在薛行嶙很小的时候就培养他进行艺术创作，从学习国画开始。薛行嶙的父亲从来没有觉得学习国画是一种没有前途的职业，也并不会因为儿子要学习国画需要支付过多的开支而停止对他的教育。

父亲觉得薛行嶙也应该是一个具有艺术细胞的人，将来也定会为艺术事业作出自己的贡献。就是这样一位无条件支持子女爱好的父亲，培养了具有国画根基的薛行嶙。也正是从父亲身上，薛行嶙学到了坚持，得到了家人的爱与支持，从而更加勇敢地追求艺术。

艺术的道路是曲折的，但是艺术的精神是伟大的，一个人可以为艺术而生，也可以为艺术而死。正是有这些默默为艺术献身的人们，艺术之河才能涓涓长流。

怀着追求艺术的初心，薛行嶙顺利考入了河北省轻工学校陶瓷美术专业，并在这里初识陶瓷的精湛技艺。毕业之后，他开了一家设计公司。

如果没有2009年的那次出行，薛行嶙可能会在设计公司继续自己的设计之路。庆幸的是他没有，否则中国将错过一位出色的定瓷大师。

放弃平坦的人生路，追随心底的定瓷情怀

薛行嶙的青春时光似乎并未与定瓷有过多的联系。虽然大学所学专业为陶瓷美术，但是他的主攻方向是花鸟画创作。因为自幼酷爱花鸟画，所以，薛行嶙梦想着当一名国画家。

上学的时候，薛行嶙一直是学生干部，成绩优异，年年都拿奖学金。同时，他也是一名运动健将。在老师和学生眼中，薛行嶙就是一个勤学努力的好学生。

毕业时，很多老师建议他留校任教。那个时候，国家已经取消了毕业包分配制度，很多学生为了找到一份工作，不惜动用家人和亲朋好友的力量。薛行嶙是一个来自农村的孩子，没有什么背景，学校老师开出的条件对一名大学生来说，已经足够优厚了。如果薛行嶙选择留校任教，可能便不会有后来与定窑的缘分了。

薛行嶙毅然放弃了留校任教的机会，选择去唐山市群众艺术馆花鸟

画创作工作室工作。那是一个文化系统的事业单位，是一个专门画画的地方。进入群艺馆后，薛行嶙感觉自己离梦想又近了一步，这次终于可以画自己喜欢的花鸟画了。

1996年，薛行嶙遇到了自己的初恋，也就是薛行嶙现在的妻子。之后，薛行嶙为妻子放弃了在唐山的工作，去石家庄某国际展览中心任职，并在2000年创立自己的设计工作室。出于对设计的执着，薛行嶙的设计团队在国内拿到了很多大奖，成为全国设计行业的获奖大户。慢慢的，薛行嶙设计工作室的收入日渐可观，一切都走上了正轨。

美貌的爱人，可爱的孩子，一群志同道合的同事，蒸蒸日上的事业，这似乎是每一个男人都梦想得到的东西。而这些东西，薛行嶙都得到了，并收获了所有人的掌声和喝彩。照这样的速度发展下去，他将会拥有一个完美的人生。

但这一切在薛行嶙遇到定窑的那一刻全部都瓦解了。那些光环与美好，同定窑文化这种直触心底的情结相比，就如同幻觉般瞬间消失了。

重新出现在他眼前的，是定窑辉煌的历史和令人担忧的现状。薛行嶙这样想着，突然从心底涌出一阵强烈的悲伤感。自己是等到失去之后再祭奠文化的遗失，还是勇敢地背负历史使命，选择坚持？是痛心疾首地怀念，还是以一己之力将定窑发扬光大？薛行嶙绞尽脑汁地思考着这个宏伟的工程。

如果自己执意如此，那么，现在拥有的一切都可能失去。设计工作室会因为没有认真经营而收入骤减；父母和妻儿也得不到自己的悉心照顾；筹集资金时定会有不少的刁难和坎坷，自己要看尽世间的脸色。然而这些并不重要，最重要的是，自己要从最基础的学习开始，而这又要耗费一段漫长的时间。

但如果自己不坚持，定窑的前景该怎样呢？还能有多少人在乎它的存在呢？这厚重的历史文化遗产还能够经受多少磨难呢？

时间越来越紧迫了，已经到了该行动的时候了。薛行嶙没有太多的想法和顾虑，便确信了自己的选择。定窑选择了薛行嶙，薛行嶙也选择了定窑。

孤身逐梦，克服多方艰难与挫折

没有人知道，这是一种怎样的寂寞和孤独。即使不被家人和朋友看好，薛行嶙依旧坚持着。在没有什么娱乐可言的曲阳，薛行嶙默默奉献着自己的力量。这是一个人的战争，他要以一己之力打败所有的漠不关心。这场战争太悲壮，如果做不出成绩，他将永远被人们加上失败者的标签。

薛行嶙忍受得了别人对自己的不理解，却不容许别人对定瓷文化产业产生怀疑。他要做的就是把定瓷文化传播出去，让那些曾嘲笑自己的人看一看，中华民族的文化是先辈们智慧的结晶，不管任何时候，不管在什么地方，文化只要存在，生命便会绵延不绝。勇敢地背负起被人们忽略的历史文化，成为薛行麟默默坚守的最后一份精神食粮。

艰苦岁月，孤身探索梦之路

结缘定窑，像是一种冥冥中的安排，当然这也是薛行麟的梦想所在。梦想近在眼前，现实却很残酷。有一种选择是放弃梦想，有一种选择是坚守阵地。思考，不停地思考，薛行麟在睡梦中都在思考定窑的问题。

"它的现状不应该是这样的。""我一定能给它带来新的气象。"下定决心之后，薛行麟开始了投身定窑的准备工作，并计划将这些年积累的设计思想与定瓷结合，在文化创意产业折腾一番。

薛行麟不是学陶瓷工艺专业的，也没有真正做过陶瓷，现在却要真正地将这件事落到实处，这根本就是从0到100的挑战，别人连想都不敢想。换作任何一个普通人，都不会做这种决定。因为对于大多数人来讲，首先他们不懂行情，其次又身处异地，最重要的还是要挑战极限，将定瓷做成文化产业链。在普通人眼中，这简直就是一件异想天开的事情。

但薛行麟毫不犹豫地做起了部署。刚开始接手定窑时，薛行麟瞒着妻子和孩子，以设计公司的工作为借口，到定窑学习。从在曲阳占位到落地生根，从扎根、定性到建厂，从做学徒到成为大师……先不说薛行嶙在这个过程中付出的精力和时间，因为他还有一个不得不考虑的大问题——资金。

因为他的精力转移到定窑，所以设计公司的经营愈发惨淡，利润淡薄，不足以满足窑口的开支。从第一次来到窑口至今，他已经花费了一千多万元！他也曾经为此负债，负债最多的时候多达几百万元。做设计的钱已经不能满足窑口的开支，他只能通过借贷发展窑口的事业。薛行嶙的妻子则靠自己每个月微薄的工资养活孩子，并负责起孩子的全部教育工作。

有牺牲，才能有收获。薛行嶙像一头倔强的老黄牛在耕耘这片貌似不会开花结果的贫瘠土地。没有人看好这样的付出，也没有人看好这个接近疯狂的、抛弃所有的年轻人。但薛行嶙坚持着，他默默汲取精神层面的养分，怀揣振兴窑口的美好理想。他并不在乎这个梦是否是白日梦，最终是否能够实现，他要做的只是勤勤恳恳做好眼下的事情。

那段时间，他的生活环境也异常艰苦。冬天，曲阳县城里没有暖气，寒风凛冽，透过窗缝吹进来，整个屋子漫布着冷气。薛行嶙和助手只能用破棉被捂着身体，规划定窑发展。最后实在忍受不住寒冷，负债累累的薛行嶙，在身上仅有一百多块钱的情况下，花掉十块钱，买了一瓶二锅头喝下取暖。每天他们只能吃方便面，而且一天只能吃一包，因为两包泡面的钱他们实在负担不起。

薛行嶙深知，他的这份事业在短期内是不可能赢利的。没钱的时候，他们要将定瓷的工作暂停几个月，等筹集点钱后再往前走几步。久而久之，借钱太多，每每躲债，薛行嶙都像一个居无定所的流浪汉，因为怕妻儿受到牵连，他也不敢回家，甚至不敢和家人联系。

有时候，薛行嶙翻翻口袋，连十块钱都找不出来，甚至没有钱买一袋盐。冬天寒风刺骨时，别的工人都有手套取暖，薛行嶙却没有多余的钱买一双手套……这种穷苦的日子不断持续着，甚至看不到它的尽头。

但是即便条件再艰苦，薛行嶙也没有放弃。有一种精神在支撑着这个疲惫的身躯，有一种信仰在支撑着这个年轻的灵魂。定瓷！对，一定是定瓷！活得再苦再累，只要定瓷的信仰还在，只要饿不死，他就一定要坚持下去。

一腔热血，却未换得亲友支持

谈起薛行嶙的执着，还要从他爷爷说起。薛行嶙的爷爷在当年属于"黑五类"，曾被批斗过，但却一生信佛，发生任何事情，经历任何苦难都从不怪罪别人。

薛行嶙是爷爷最喜爱的孩子，或许是遗传了爷爷骨子里的信仰和精神，薛行嶙和爷爷一样，也有自己坚定的信仰。不过，薛行嶙的信仰不仅仅是佛教，更是对定瓷的敬畏和虔诚。信瓷、迷瓷、痴瓷！

曲阳是雕刻之乡，也是定瓷之乡。薛行嶙的修行和灵魂信仰就在这样一个孤寂的小县城拉开了序幕！

当初薛行嶙来到曲阳，迎接他的，没有热闹的人群，也没有满眼的美景，只有坚硬的泥土地和凌乱的村庄。可在薛行嶙眼里，他看到的是窑口发展后的欣欣向荣和无限生命力。虽然当时薛行嶙所有的"财产"只是一个铺盖、一个枕头和一颗勇敢的心，但没有什么能够阻止他前进的脚步。这里的一切都在等着薛行嶙的到来，一切都准备就绪，只等主人公走上舞台，让定瓷重现辉煌。

对艺术的执着，会让一个艺术追逐者在任何困难面前都不低头，他会迎难而上，将阻力变成正能量，不断寻求突破的出口。这就是一种对灵魂的信仰和至真至纯的艺术情结。

窑口建设需花费好几年的时间。为了能更深入地了解定窑的制作工艺及过程，薛行嶙执意留在曲阳县拜师学艺。

先前为了瞒着家人，他一直坚持称自己在做设计，需要加班，需要想很多的设计内容。他不敢告诉家人，自己已经抛弃设计公司的业务，转而去做自己一点都不懂的定瓷。这是一次巨大的冒险，家人定然不会同意他这样做。

2009年，全球经济危机的序幕已拉开，原本支持薛行嶙创业的朋友们纷纷离去，他未能筹集到一分钱。当他鼓起勇气将自己对文化事业的想法和未来的发展规划告诉家人时，家人也都提出了反对意见。

家人们纷纷说："家庭在这儿，事业也在这儿，你不顾及家人，不

你就是奇迹
YOU ARE A MIRACLE

顾及事业，非要去那人生地不熟的地方，你能养家糊口吗？"听到这些话，薛行嶙也会心疼，恨自己不能在应当尽责照顾父母妻儿的时候照顾他们。

看到父亲斑白的头发和妻子黯淡的眼神，他心中也动摇过。"放弃吧！缴械投降，就此安安稳稳地过日子吧！"这个声音无数次在薛行嶙的心中回荡，但当他看到自己坚持的东西在慢慢绽放光彩，定瓷的釉色在阳光下发出灵动神圣的光时，他又屈服于定瓷的梦想了！

这次经济危机的当口，他面临了自己精神层面最严峻的一次考验。此后，他又一个人默默奋斗去了。"这就是出于一种信仰，灵魂深处的信仰在支撑着我继续奋斗。此外，这也是对自己追求的事物的一种忠诚。"薛行嶙这样说着。

在追求定瓷梦想的路上，一方面，薛行嶙要顶住来自家庭和朋友的压力，另一方面他在经济上与家人展开了激烈的"战争"。

为了不动用家里一分钱，薛行嶙偷偷将设计公司挣到的钱抽出一小部分去窑口做事。在设计公司，薛行嶙赚到了十万元钱，但他对爱人谎称只赚了七万，然后用剩下的三万元补贴窑口的开支。在生活上，薛行嶙严格地控制自己的开支，从不舍得买一件衣服，从不主动到县城饭店里吃点好东西补补身体。

一件衣服穿了很多年，粗茶淡饭也吃了很多年，这些他都无怨无悔，只要他的定瓷还在，那就是最大的幸事。

无限思家情，隐忍拼事业

薛行嶙的朋友们始终无法理解他，他们都觉得薛行嶙疯了。有些人开始努力劝说薛行嶙放弃这一可笑的想法，说这是一个没有收益的事情，何必天天弄得自己这么辛苦？老老实实做设计多好啊！

每次听到这样的话，薛行嶙都会及时叫停。他说自己有自己的追求，那是属于他的梦想，他也有信心能够实现自己的梦想。他曾说过："一般搞艺术的人，对某一种事物特别痴迷，痴迷到一定程度的时候，他就远离了人群，就不会被外界理解。其实人理解自己是最重要的，不要总是想着让别人理解你。别人不理解你，是因为每个人都不一样。如果大家都趣味相投的话，这个社会就毫无特色了。"

薛行嶙开始把各种精神层面和身体方面的压力转化为对定瓷的疯狂热爱。怀着对定瓷的痴迷与热爱，薛行嶙废寝忘食，终日不离地跟着师父学习各种定窑的实战经验，研究着定窑的各个细节，不断练习制作定瓷的技艺。

在窑口工作时，他从来不嫌弃那儿的脏乱。漫天的黄土落在身上和脸上，薛行嶙从不喊一声苦。冬天气温下降，他没有多余的钱买新衣，总是穿着同一件衣服。每天，他都早早地来到窑口学习师傅的技艺，端茶倒水，细心学习，从实践到失败，然后继续实践……一天结束了，其他人都回去了，他还留在那里思考新的方法和技艺。

有时，对亲人的思念也令薛行嶙感到煎熬。女儿已经慢慢长大了，自己忙碌的同时，一天天错过了女儿成长的每一个细节。他只好时不时地给家里打电话，靠电话联系感情。

其实两地离得也不算远，但是创业时到处都要钱，回去是需要钱的，一切都是花销。再者说，路途劳累，让人疲惫不堪，他也不愿意折腾，这里还有一堆的事儿等着他处理，还有好多事情需要他去做呢。

所以，亲人相见也就成了一种奢望。那种孤独和寂寞以及远离亲人的巨大心理压力，总让薛行嶙感到难过，但每次他都要强迫自己不在难过中沉浸太久，要快速地回到现实中。

毫无规律的生活，使得他在精神上也曾到达崩溃的边缘。多少次与家人争吵后，薛行嶙独自一人默默地流泪。这一切他都努力承受着，他知道这是黎明前最漫长的等待。

凭借着对文化艺术的痴迷与不断追求理想的信念，薛行嶙坚持了下来，不断学习提高。偶尔，他也会去窑口转转，但大部分的时间他都待在师父的身边学艺。慢慢的，一切都有了转机。

成功初现，文化产业链势在必行

薛行嶙说："对，我就喜欢它，我知道它将来肯定会成功的。挣钱太简单了，我从来没为挣钱着过急。只要你把事做好，你肯定会有收入，钱是跟着你走的。很多人都在追求金钱的最大化,这是心态的问题。其实每个人都应该有信仰,待你把事做好之后,金钱和资源都愿意跟随你。"

这是一种对定瓷的热爱之情。定瓷文化承载着薛行嶙更新的设计理念,而这一切都在推动薛行嶙走向更高更宽的发展道路。

痴情打动恩师,百折不挠苦钻研

薛行嶙对定窑生产的产品要求极高。他每次烧窑几乎都以失败告终,要不就是烧出的产品自己不满意。师父曾多次向薛行嶙提建议,让他放弃,但薛行嶙坚信,那么多次的尝试当中,总有一次会成功。

从师家到自己家,只有几十分钟的车程,但为了节省时间和路费开支,从而最大限度地将资金投入到定窑上,薛行嶙搬到了师父那里住。他没有什么生活来源,全靠着师父一家人支撑着。

他就这么研究着,凭借满腔的热血和超人的毅力,在两年多的生活中,不怕吃苦,努力勤奋,加上他对定瓷的忠诚,最终打动了他的师父。2012年,师父把实验室转让给了他。除了设备的成本费用外,师父没再向薛行嶙收取任何费用。这在薛行嶙看来,几近是白送给他的无价之宝。

当时有人出价100万收购薛行嶙师父的实验室,甚至有人出更高的价格,但老人家始终不肯出手。要知道,这实验室是他毕生的心血,所有的研究成果都在这里，这些研究成果值多少钱？100万能卖吗？一个配方都不止100万。

偏偏就是这么贵重的东西，师父却转给了薛行嶙，这怎能不让薛行嶙为之兴奋呢？

师父看中的是薛行嶙的情怀。这种对定瓷文化的坚持和痴迷，不是金钱能够买到的，这是一种寄托，更是一种传承。中国文化产业传承需要薛行嶙这样的人，定瓷文化也需要薛行嶙这样的人，只有这样的坚守才能收获美丽的果实，也只有这份纯净的初心才能守住定窑这份最后的文化家园。

薛行嶙默默地发誓："一定不能让师父失望！一定不能让定瓷文化的爱好者失望！一定不能让自己失望！"薛行嶙的誓言虽然没有人听见，却无时无刻不回荡在寂静的窑口。

薛行嶙终于有了自己的工作室，但当时却只有他一人。

宋代五大官窑之一的定窑瓷品，最大的特点便是色如玉、声如磬、薄如纸。为了更多地了解和研究各种釉色配方，薛行嶙亲自到山里去采集矿石标本，并将它们的成色记录下来。通过多年来对陶瓷方面科研的储备，他将定窑中的九大色系全部解密。

为了在工艺流程上将定窑的特点充分体现出来，薛行嶙在制作定瓷的过程中，将每一步细节都详细记录下来，包括烧窑时温度的控制。他不断地尝试新的配方，加入新的元素，控制不同温度，烧制各种瓷器，观察其成品的色泽、神韵，以达到定窑最佳的效果和最完美的品质。

迈向成功的路上，有失败是必然的。他经历过无数次的失败，每一次都付出了巨大的成本，不光是时间和精力成本，还有成品本身需要花费的成本。他已经负债太久、太多了，已经没有多余的钱承受更多的失败了。但是每一次的结果都没有改变，无数次失败的经历似乎是在和薛行嶙说："不，你没有天赋做好这些。"

但薛行嶙不相信，他要坚持，就算是经历更多的失败，他依然要坚持。他相信定瓷的发展一定会有美好的未来，现在经历的一切失败最终都会转化为成功。薛行嶙相信，现在面临的一切困难都是在考验他，这都促使他不断地学习，以便更好、更快地成长。

他身上就像穿了一层铠甲，那是一种不被轻易打倒的积极心态。这种心态让他在前一秒还为失败的作品懊恼，下一秒已经拿起书本开始研究失败的原因了。他这样默默寻找着，渴望着能够成功制作出一个令自己满意的定瓷。

功夫不负有心人，终现完美新定瓷

薛行嶙孤独行地走了那么久。终于有一天，他看到了一件新作品完美地呈现在自己眼前，那一刻，他流泪了。这是他的第一个成功的作品，也是中国定瓷文化产业的一个新突破。

那一刻，他的眼里噙满泪水，双手拿着烧制成功的定瓷久久不忍放手。他要看得更仔细一些，要看得更通透一些。他将定瓷捧在手中，像呵护一个十代单传的孩子般呵护着这件艺术品。在这一刻，薛行嶙的眼睛变得越发深邃了。

这几年，薛行嶙老了很多。除了那个完美的定瓷作品外，他的一切都在老去。他脸上的皱纹在凛冽的风中慢慢深刻了，手掌上的茧子也更厚了，头发不知道从什么时候开始已经长过脖颈，身上的这身棉袄似乎也很多天没有换洗了！

这个时候，除了他对定瓷的信仰没有变，其他的一切都变了。女儿已成长为一个大姑娘，他错过了陪伴女儿成长的最好时光。女儿也不再像以前一样，每天哭着喊着找爸爸了。妻子也老了，独自抚育女儿的艰苦让这个女人比平常妇人多了几根白发，少了几抹笑容。薛行嶙深知，这是自己亏欠妻子的。

但他不能现在就放弃。他要把这么多年的委屈化作动力，去寻找更完美的定瓷作品，做出更加让亲朋好友、让中国、让世界叹为观止的作品。

创新的突破和对瓷器的痴迷，更加强化了薛行嶙对文化产业坚定的信心。他不断地去寻求这盛烧 800 年、断代 600 年的定瓷工艺及手法，并将创新的设计理念和大胆的研究思路融入瓷器制作中。

在产品实用层面上，薛行嶙更是进行了多元化的创新设计和改革，创造出了风格各异的茶具、餐具以及器皿。在对产品的未来规划中，薛行嶙想更多地融入一些健康的理念,比如将国内相关专家研究出来的原矿石材料、将负氧离子的原矿石融入到各种茶具、餐具当中。

你会发现薛行嶙制作的茶具与别人的不同。比如这套茶具包括一个盖碗、一只壶、六只小杯子。六只杯子,每一只的款式都不同,六种款型,六种釉色,随便一摆都是一道风景,而且全是定窑的、原生态的、带负氧离子功能的健康新瓷器。

弘扬文化产业,传承历史精髓

企业不断发展壮大,让薛行嶙更加坚定了自己传播定瓷文化的初心。

薛行嶙计划创立多个分布在不同领域的品牌公司,这是他的实业梦想。比如他计划成立弘传定瓷艺术学院,为定窑的大产业链储备人才。他还计划成立弘传慈善基金机构,宣传定窑文化。

薛行嶙也在思考用影视的方式记录定窑的发展。如今,《定窑风云》这部电影剧本已经快写完了。这是一个老者正在撰写的民国时期有关定窑的影视剧本。此外,一部长达25集的电视连续剧《大宋定窑》正在筹备。他想以此普及定窑文化,发扬传统文化的重要作用。

现在的薛行嶙,已经逐步爱上了追逐梦想中经历的那些艰辛。从一个负债千万的创业者,到一个坚定守护定瓷文化的智者,我们看到的不是薛行嶙能不能赚钱,能不能在世人面前炫耀他取得的成绩,而是他要把这份珍贵的文化传承下去,让更多的人了解定瓷。

现在，弘传定瓷的品牌已经越来越响亮。薛行嶙计划将它做成一个文化产业链，弘扬中国的传统文化，拯救中国的历史文明。

现在，定瓷事业成功了，可此外还有更多要拯救的文化产业。每每想起这些，薛行嶙总是想要多做一些，多付出一些。所以，在定窑的基础上开发出来的文化产业链，让他格外安心。薛行嶙知道，他现在的每一次努力都是对历史的尊重，都是对未来定瓷崛起所担负的责任感和使命感。

薛行嶙希望在自己的有生之年，让定窑文化发展得更好，让更多人了解定窑文化，让世界看到定窑文化，让定窑文化植根于人们的心中，吸引更多的人投身于传统文化产业，感染并鼓舞更多为文化产业奋斗的追梦人。

薛行嶙说："精神信仰是一种对民族的信仰，而灵魂的信仰，则是对自己追求的事业的无尽忠诚。"在筑梦的路上，他一直在践行着这一点。

专家点评

艺术当随时代，我们要在保留定瓷特有元素和符号语言的基础上，加入现代设计理念，让古老的定窑焕发出新的光彩！

河北曲阳定瓷研究所所长　庞义才

5 陈义
从小山村走出的幸福摄影师

企业家小传

陈义，厦门六一宝贝儿童摄影机构创始人。他是一个敢于在众人面前喊出要为中国一亿个家庭免费挂上全家福的儿童摄影大师，他被人们亲切地称作"幸福哥"。

可陈义的童年却充斥着贫穷与困顿。至亲猝然离世，未留下一张照片供家人缅怀，残酷的事实让幼小的陈义萌发了学习摄影的念头。

在摄影之路上，他历经坎坷、波折。他品尝过走投无路，无奈向人借取学费的苦涩；感受过尚未走出校门，就要在一年内还清借款的酸楚。幸好他遇到了自己的贵人，在人生的每一个时间段，都可以作出一个刚刚好的决定，从而保持在摄影之路上自己始终不失的初心。

你就是奇迹
YOU ARE A MIRACLE

那一年，他并未经太多世事的历练。稚嫩的脸上还带着一抹少年特有的单纯与羞涩，单薄瘦削的肩膀也尚未如成年人那般厚重可靠。他还不能在几千人面前举止自若、侃侃而谈，举手投足间总是透着笨拙和胆怯。

可是他却被残酷的现实逼迫到了窘境，不得不独自面临着活到十几岁以来最大的尴尬——借钱。他走在路上，心里忐忑不安，不断在心里演练着如何开口借钱。此时，拼命想逃走的他，强行地支配着自己那双想要后退的脚。

幸而，对梦想的渴望支撑着他走完了这一段不长的路，他来到了三舅家，并勇敢开口，说出了自己卑微的祈求。而此时的他并不知道，这一决定将会对他以后的人生产生多么大的影响。

与摄影结缘，自此不相离

上面描述的这位青春少年就是陈义，也就是厦门六一宝贝儿童摄影机构创始人。今天的陈义已经成为中国儿童人像摄影艺术大师，但他更为人熟知的名字是"幸福哥"。因为他身上充满了浓浓的幸福感，只要接近他的人都能感受到。

陈义从小便怀揣一个远大的梦想：让中国一亿个家庭免费挂上全家福。这个常人看似遥不可及的梦想，陈义却让它一点点成为现实。

萌生摄影初心，矢志不渝为至亲

谈及学习摄影的初心，陈义总是会提及自己的奶奶。事实上，了解陈义的人都知道陈义奶奶的故事。

陈义的奶奶并非富家小姐，也不是知名的大家闺秀。这位在外人看来普普通通的老人，却用自己的言行影响着陈义。正是奶奶，让陈义坚定了走摄影之路的决心。

在陈义很小的时候，奶奶过世了。在奶奶的葬礼上，小陈义却发现挂在追悼会墙上被众亲友瞻仰的那张遗照并不像奶奶。虽然那张遗照上的奶奶显得很年轻，可小陈义依然找不到奶奶的痕迹，因为小陈义觉得，奶奶比照片上的那个人更慈祥，笑得更漂亮。

陈义的奶奶生前信佛。整个村里面的人，但凡谁碰到点儿家长里短、想不透的事儿，都会和她说。每每这时，陈义奶奶就会从佛的角度去解释，从而破解村民的难题，因此村子里的人都很信任她。不仅村子里的乡亲们尊重她，陈义的妈妈，甚至外公都很尊重陈义的奶奶，这都是因为她是一个讲道理、有底蕴的人。

可就是这样一个备受尊敬的人，在操劳一生后，却没有留下一张像样的遗照，甚至说是没有一张真正的遗照。

当时还未学习摄影的陈义并不知道，挂在奶奶葬礼上的那幅遗照，只是一幅画像，而不是照片。

有人说，兴趣爱好是一切奋斗动力的源泉，也是人们走向艺术道路的支撑。陈义却说："我学习摄影真不是出于兴趣与爱好，当时我根本没有想这些。"

陈义的第一张照片是表姐给他拍的，当时拿到照片的陈义便琢磨起来，如果当年自己也会摄影，那是不是就可以为奶奶拍下照片，让更多的人看到奶奶慈祥的面孔，让家人可以看着照片缅怀奶奶了呢？

就这样，陈义萌发了学习摄影的初心：为村里的老人拍摄一张真实的、慈祥的照片。

求学之路多波折，学成终踏创业路

然而，对于陈义来说，选择学习摄影，一切都还处于摸索的状态。在考中专时，当同龄人还不知要报考什么专业时，陈义毅然决然地在专业那一栏写上了"摄影、摄像",这在当时,还是个颇有些新潮的名词。幸运的是,陈义竟然被顺利地录取了。

可学费成了挡在陈义一家人面前的大山。当时陈义家的经济状况用一个"穷"字都无法形容,真的是穷上加穷,实在是没钱啊!而众所周知的"摄影穷三代"这句大家用来调侃的话,并不是句玩笑话,挡在陈义面前的那堵大山就是6000元的学费。

在陈义家里,父亲并没有太多文化,但有着朴素的智慧和对儿子无尽的爱。家里没钱怎么办?那就想办法砸锅卖铁也要供儿子读书。可是,锅是不能卖的。先不说卖了也不值几个钱,卖了以后全家人该怎么生活呢?无计可施,只能卖牛了。于是陈义的父亲将那头家里养了好几年的牛卖了。

那头牛在陈义很小的时候便来到了家里,它陪伴着陈义一同长大,可以说是陈义小时的玩伴。陈义虽然伤心,却也懂得父亲是在用仅有的方式来圆他的读书梦。然而,卖了牛也只有1500元。这余下的4500块钱可怎么办呢?到哪里去凑呢?

走投无路,只能去借。在当时"穷"字当头的社会背景下,经父母分析后,唯一可能借给他们钱的就是陈义的三舅。

陈义的父母是老实人,实在不好意思开口去跟陈义的三舅借钱,就对陈义说:"儿子,如果你真的那么想学摄影,就自己去找你三舅借钱吧!爸妈也只能帮你到这儿了,希望你别怪我们老两口。"

于是，陈义便面临了人生的第一次困境——借钱。

去借吧？自己年少脸皮薄，况且4500块钱又不是小数目，陈义心里确实没底气，不知道三舅会不会借给他。万一三舅不借，自己的脸往哪放啊？以后可怎么见人？

可若不去借钱，自己的摄影梦怎么办？难道以后就要与摄影绝缘了吗？那自己当时在心里偷偷许下承诺怎么办？就这样放弃，对得起奶奶、对得起以前的坚持吗？

思前想后，陈义走出了家门。在一路不断纠结、不断自我否定与肯定中，他磨磨蹭蹭地走到了三舅家门口。

进屋后，陈义低着头，磕磕巴巴地说："三舅……我要去学习摄影……但是没钱……就想找您借一下。"

三舅问："借多少？"

陈义的头更低了，小声地说："借4500。"

三舅问："那你借这钱，打算什么时候还？"

陈义一下子就懵了，说实话，当时的他只考虑了借钱，可真没想过要怎么还钱。

三舅接着说："既然你借钱是为了学摄影，实现自己的梦想，这钱就应该你自己还，听见了吗？"

陈义赶紧答应，并问三舅："毕业还，行不行？"

没想到三舅却说："我哪儿能等得起啊！别毕业还了，就一年还上，不然我先拿这笔钱去做生意了。"

听到三舅这话，陈义内心五味杂陈。想着家里的困难，实在是凑不出一点钱了，又想着学习摄影最后的希望就在三舅这了，陈义的倔强和骨气一下子就被激了出来。他咬咬牙，告诉三舅："我一年就把钱还上。"

就这样，陈义拿着凑够了的学费，开始了他的摄影学习之路。

在陈义就读的中专学校里，陈义算是个特别的人。别的同学只要学好专业课，家长就很满意了，而陈义每天想的不单单是如何学好摄影，还有如何挣钱。

摄影是个烧钱的专业。虽然当时学校开设的课程只教授一些最简单、最基础的摄影，可陈义悲哀地发现：仅仅两个月过后，从家带来的6000块钱就没了。因为学习摄影要买胶卷，买药水，买相纸，这一项项的物品都需要费用支出。

在陈义那个年代，挣钱对于成年人来说，已经是一件难事了，更何况是一个尚未走出校门的孩子。可机会就在陈义抓破脑袋都想不到的节骨眼上，悄悄地来了。

一次，陈义为了完成老师布置的作业，去农村为一位老奶奶拍摄照片。谁知，这位老奶奶竟让陈义帮自己洗一张照片。陈义洗完照片以后，给老奶奶送过去了，这位老奶奶非要塞给他五块钱。因为这位老奶奶觉得陈义拍得好，还把村子里的老人们都叫了出来。因为当时十几个老人家都有拍照需求，陈义就一个个拍下去，这次拍照让陈义赚到了自己人生中的第一桶金。

其实，这些老人家是想为自己百年后留一张百年遗照，他们的目标不是要把自己拍得多好看，而是为了让他们子孙后代记住他们的模样。这恰恰勾起了陈义对奶奶的思念，也让他意识到，这才是自己学习摄影的初衷。

为老人拍照让陈义赚到了第一笔钱，也坚定了陈义将梦想与现实结合在一起的信念。

这次拍照后不久，一位小学校长找到陈义，请陈义帮忙拍摄学生的集体照。陈义算了笔账，他发现一个班50位同学，每个人洗四五张小的个人证件照和一张七寸的大合影，自己几乎赚不到什么钱。可眼见赚钱的机会近在咫尺，若真是错过了，自己日后势必会后悔。再说，如何在一年之内还清三舅的钱，这件事也一直压在陈义的心口。

重压之下，陈义想到了一个妙招，反正都是拍一次，那能不能多洗一点照片呢？他提议给每位学生洗40张或50张证件照，七寸的大合影也改成十寸的，这样就可以把收费从5元提到15元，因为陈义的拍摄成本增加得不多，自然也有了利润。

就这样，陈义不断地替老人和学生拍照，一点点地攒下积蓄，终于，一年后，陈义如约还上了欠三舅的钱。

当时陈义有几名同学和他一起为学生拍照，大家都觉得这件事挺有赚头，打算一直做下去。可陈义却觉得，这不是一条长远的道路。可是阅历尚浅的他，一时又想不出什么新的方法来赚钱。更何况，还完了三舅的钱，还得还家里的债呢！

陈义的家里不仅贫穷，还欠着十几万的外债，其中有五六万是高利贷，每个月必须还利息。陈义的哥哥成年后便外出打工。每月还一点利息。刚开始的时候，陈义的哥哥每个月只能往家里寄几百元钱，后来慢慢地变为一两千元钱，就这样一直利滚利的还着。

陈义挣钱后，也帮家里还一些债，他本以为家里的债会越来越少。可没想到，第一年家里欠11万元，第二年陈义的爸爸又告诉他，家里还欠11万元，一直到2000年，依旧欠11万元。陈义纳闷："为什么欠下的债务还没有还掉？"陈义爸爸只能无奈地说："因为是高利贷，每月还的都是利息，哪里能够还到本金，本金从来没有还过。"

面对家中的窘境，陈义的哥哥咬着牙出去创业，至少做了几十个项目，每一个都以失败告终，又欠下了十几万元的债务。

陈义的哥哥没有气馁，一直坚持着、努力着。陈义说："哥哥一直在做销售，自己榨果汁、卖烧烤、推销纸箱、推销蛋卷等，折腾了一路后终于走上正轨。现在哥哥开始配送半成品，比如丸子、肉、火锅料等，主要送给学校和大工厂。哥哥每天三四点钟必须要起来，并告诉我'只要我每天这样努力坚持，总有一天会成功。'"就这样，陈义哥哥的生意越做越大，现在陈义哥哥的企业每年的销售额高达五亿元。

陈义心想，如果没有哥哥，自己最终可能会成为一名优秀的打工者、上班族，而未必会走上创业的道路。在陈义转变的过程中，哥哥起到了重要的作用。哥哥的勤奋、拼搏、上进之心一直激励着他，使他在前行的路上从未退却。

痴迷儿童摄影，千辛万苦终不悔

看到陈义家里的情况一步步地好转，很多人都好奇，陈义学习摄影的路上都经历了哪些不为人知的故事呢？

原来陈义1994年开始学习摄影，1997年毕业。毕业后，陈义发现，当时的就业市场机会很少。为了谋生，陈义开始学习婚纱摄影。有着数年实践积累和三年科班学习经验的陈义，用三个月的时间便学会了婚纱摄影，并成功在恩师厦门大学新闻系李世雄老师经营的影楼中谋得了一份婚纱摄影的工作。

虽然陈义在名义上是婚纱摄影师，但却干着几个岗位的活儿，摆动作、化妆、设计、修照片等他都做。就这样，在影楼的三年里，陈义几乎每天24小时都待在婚纱摄影棚里，逐渐地成为一名全能型摄影师。

一天，陈义在摄影过程中遇到了一个人。这个人问陈义："你最想做的事情是什么？"当时，陈义答道："现在我真的不知道自己最想做的事情是什么？" 可回家后，陈义惊觉自己已经忘记了当初学习摄影的梦想，失掉了初心。于是，陈义陷入一片迷茫之中。

经过两三年的时间，陈义渐渐意识到，自己并非发自内心地喜欢婚纱摄影，甚至清楚地知道这不是自己想要的生活。每个人都有年轻的时候，就如同今天迷茫彷徨的80后、90后一般，当时的陈义只知道，自己不想再干婚纱摄影了，因为那是不真实的，是虚假的。有人认为婚纱摄影是艺术，陈义却不这样认为。他觉得婚纱摄影中的很多东西都是包装的，而陈义追寻的是一种真实。

记得有一次，陈义为客户拍完了婚纱照，正赶上影楼回馈老客户，为一些老客户拍家庭照片。陈义发现，自己还是对这方面的摄影比较感兴趣，因此他就抢着去拍这些孩子，拍家庭组建之后幸福美满的样子，越拍他就越有感觉。

因为每个孩子流露出来的东西都是真的，是发自内心的。在孩提时代，他们的世界很单纯，他们不懂如何化妆，更不懂得如何造假。在拍照过程中，陈义首先会观察孩子的特质，根据孩子的个性，力求拍出最能体现孩子个人特色的照片。而且孩子的妈妈往往并不要求摄影师一定要拍出孩子笑或者摆出其他姿势的照片，妈妈们通常只是希望摄影师能拍出孩子最真实的一面。每当孩子妈妈看到陈义拍的照片，都会说："对，他在家里就是这个调皮的样子。"此时，陈义便有一种发自内心的欣喜。他觉得自己得到了孩子妈妈的信任，特别有满足感。

陈义天生擅长与孩子们打交道，就算遇到很腼腆的孩子，他也能挖出孩子内心的东西。陈义慢慢发现，这才是自己认定的最有意义的东西。

发现了自己真正想做的事情后，陈义开始与恩师李老师商量，请求李老师让自己在影楼内做儿童摄影。就这样，陈义开始踏上记录儿童成长的摄影之路。可影楼毕竟是主打婚纱摄影的，儿童摄影只是给客户的一个附加值，陈义仍然不能将大把时间花在儿童摄影上。

可是离开影楼又不行，讲义气的陈义觉得这样做愧对恩师。恩师对自己帮助那么大，自己怎么能翅膀硬了，就走呢？在梦想与报恩中，陈义纠结了好几年，最终选择放弃婚纱摄影，追求理想。陈义的想法也得到了恩师的支持。

独辟蹊径，与早教机构合作

出来单干的陈义，面临的最大难题就是资金短缺。人们常说，一分钱难倒英雄汉。这一次，陈义又无奈地选择了借钱。

可向谁借呢？陈义家里的亲戚都不富裕，没有人可以借给他钱。此时，陈义的妻子说："那就管我娘家人借吧！"无奈之下，陈义不得不硬着头皮去向妻子的娘家借钱。

对于妻子的娘家人而言，陈义是一个穷小子，不光娶走了自家闺女，还想着要借钱。因此，妻子的娘家人都不愿意给他好脸色看。陈义自己也知道，老人家生气是应该的，于是他只能抢着帮娘家人干活，比如挑粪、挖香蕉坑、拔花生、割稻谷等。

几个月的埋头苦干之后，妻子娘家人终于认可了陈义这个女婿，陈义也顺理成章地获得了两万元的创业资金。可这些钱连租个门面都不够。

没有门面，怎么会有客人呢？

毕竟天无绝人之路，陈义独辟蹊径，发现了一种新的合作模式。陈义找到一家早教机构，对负责人说："你们这里有一百多位学员，只要你们为我提供一个挂背景的地方，我就可以免费帮早教机构的学员拍照，吸纳一定的会员；早教机构也可以利用这一独特的优势招到更多的客户。"早教机构同意了，因为这是一种真正的双赢，而这种免费的思路也为陈义日后实现自己的梦想打下了基础。

在摄影过程中，陈义始终秉承免费模式，免费让会员们挑选喜欢的照片样式。当会员对陈义拍摄的照片表示满意时，就会要求陈义将其制作出来保存。这时，陈义才会收取一定的费用，而且会为会员提供一定的折扣价格。陈义的贴心服务和高超的拍摄水平，让很多会员都赞叹："陈义不仅照片拍得好，还真正为客户着想。"

就这样，陈义第一个月便赚到了1600元。随着陈义在摄影圈的名气越来越大，一次偶然的机会，陈义开始帮电视台的朋友叶红拍摄小童星评选活动的照片。这让陈义的摄影事业继续向前推进。

巧遇投资人，创业高潮遭变故

随着客户摄影需求的不断增加，陈义租下了一个影棚。虽然它不如原来的摄影场地面积大，但陈义总算有了自己的安身之所。此后，陈义开始用心经营自己的摄影事业。

一天，一位客人带孩子来陈义店里拍照。这位客人发现，陈义拍照特别认真，照片后期处理也做得很好。于是，客人便和陈义闲聊了起来。在多番交流之下，客人觉得自己看到了新的商机。他告诉陈义，自己其实是从事房地产行业的，最近正在找投资项目，刚好碰到陈义，接触到摄影行业，觉得这门生意不错，有搞头，想投资试试。

正巧陈义的事业发展遇到了瓶颈，正苦于资金难题，于是两人一拍即合，开始正式坐下来，商量起投资的事情。陈义为人诚实，如实地告诉这位客人，自己的店刚开业一年时间，算上电脑，一共投入了七万多元。客人当时就愣了，说："这点钱，我怎么投资啊？"客人不懂，陈义就更不懂了，陈义只能说："我也不知道怎么投。"

陈义本以为这事就这么完结了，没想到这位客人竟然说："你的公司已经经营一年了，估值也应该有十几万，我再投25万元。你按50万估值，你给我49%的股份，你占51%的股份，怎么样？"

这段话让陈义感激涕零。令他想不到的是，自己经营刚一年的小公司，总估值竟然能到50万。拿到投资后，陈义马上找到了新的店面，将它租下来经营，第一年便赚了近200万元。企业发展如此平稳，二人又开了第二家连锁店。

摄影机构的生意蒸蒸日上，陈义也从中赚到不少钱。投资商大概做惯了大生意，于是打算第二年至少开15家店。而陈义觉得，当前人手不够，经营两家店已经有点力不从心了。

其实，陈义的梦想并不是不够大。他认为至少要先做好一两家，将基础打牢，将品牌传递出去，再考虑扩张；如果盲目扩张，企业规模变大，很多东西便没有办法控制，品牌一定会受损。

可无奈的是，投资人也是个性颇为强势的人，很难听进陈义的话。于是，陈义又一次遇到了人生中的艰难时刻。在考虑很久后，他放弃了可能飞黄腾达的机会，选择了离开。

当时的陈义极度痛苦。可出乎意料的是，店里的很多老员工，甚至包括投资人的亲戚、在店里做收银的员工，都选择跟着他离开。因为他们觉得，陈义才是真正对公司用心的人。员工们的信任让陈义颇为感激，也让陈义重新鼓起了勇气。

后来那位投资人在市中心的繁华位置连开几家店，但不到半年都倒闭了。后来，他又来找过陈义，问陈义愿不愿意再搬回原来的店。只是，此时陈义已经有了新的发展，便没有同意。

这段经历让出身贫寒、思维受限的陈义，开始认识到原来生意可以这么做。虽然陈义不认同投资人当时的投资理念，但也确实借此见识到了新的经营模式。这段经历开阔了他的视野，为他未来的事业发展增添了助力。

经营有道，独创商业模式

接触儿童摄影后，陈义就意识到这将是值得自己奋斗一生的事业。

他痴迷于儿童摄影，因为儿童摄影不仅能记录一个人从出生到成长的每个关键节点，更能记录一个家庭的成长历程。陈义喜欢这种能为人带来幸福的事业，他的头脑中无时无刻不在想着怎么把儿童摄影做好，甚至有时半夜醒来，疯狂地在墙上画商业图。

陈义的妻子在陈义创业初期便与他结婚了，两人一路扶持走过来。当陈义事业渐渐稳定后，妻子选择了回归家庭，照顾两个孩子。

陈义的梦想很远大，妻子有时会觉得搞不懂陈义的想法，陈义就不断向妻子阐述自己的商业理念。等到妻子弄懂后，便对他说："你已经对摄影着魔了。"陈义将摄影变成免费的，并且三番五次地向妻子阐述，最后妻子实在听得不耐烦了。

同样的事情也发生在陈义与公司员工之间。有时，员工们也会说"求您了，陈总，我们都听懂了"，弄得陈义哭笑不得。

正是这种对儿童摄影的热爱，激发了陈义的灵感，使陈义最终想到一种与众不同的商业模式。陈义通过与开发商、银行、幼儿园等机构合作，帮这些第三方机构的客户提供增值摄影服务，仅向第三方机构收取很少的费用。

第三方机构可以将其作为亮点，以便在激烈的竞争中脱颖而出，吸引更多的客户。对于真正的客户来说，陈义提供的这种摄影服务是免费的；而对于陈义而言，他所需的成本已经由合作的第三方机构支付了。

从本质上来说，这是一个与联盟商家合作的模式。陈义通过联盟合作将会员聚集在自己成立的幸福妈妈俱乐部的O2O平台上，然后，其他联盟商家可以免费为这些会员提供一些产品，比如理财、健康、教育方面的，同时还有旅游、地产等方面的深度合作。陈义用朴实的话解释道："其实这是一种最简单的商业模式，叫作'羊毛出在牛身上，让熊买单，但熊也要赚钱'。"

陈义还将这种模式进行了升级。在后期服务中，他采用会员卡形式，与优质的联盟商家一起挑选出好的项目，作为幸福妈妈众筹投资的对象，让幸福妈妈变成股东，从而让一个幸福妈妈在一个平台上产生N次消费，真正打造了一个小而美的幸福妈妈产业生态链平台。

收集大数据

对于陈义而言，他虽然只有中专文化，但始终保持着一颗不断进取的心，懂得与时俱进。当"大数据"作为一个概念走红于互联网上时，陈义已经开始做起收集大数据的事情了。

其实，陈义把摄影变成免费，就是受了互联网思维的影响。在这个免费的过程中，比如与第三方早教机构合作时，陈义知道自己服务的客户不但是一个支付了 6000 元早教报名费用的妈妈，更是一个很关心孩子的妈妈。虽然在拍摄过程中，陈义没有赚到摄影的钱，但陈义收集到了这位妈妈的数据。

与陈义联盟的商家越来越多。当他有 200 家联盟商家时，每个联盟商家都已经帮陈义精准地筛选了客户，而这些数据正是最值钱的。

陈义可以把这些筛选出的经济条件优越的妈妈带到合作的房地产商楼盘边做摄影，以一种轻松愉快的方式带她们看房子，间接起了看房团的作用；如果有妈妈对楼盘感兴趣，还可以促进成交，赚取提成。在陈义看来，这才是实实在在的在利用大数据做事情。

陈义经常说："一个富妈妈，幸福三代人。"这里的"富"并不是指财富，而是精神富足。如果一个家庭有这样一位"富妈妈"，那么这个家庭将会让幸福传递下去。

陈义总是忘不了自己的奶奶，陈义认为奶奶就是一个真正的"富妈妈"。因为奶奶用自己的精神、自己的理念，让一个家庭安逸祥和。慈祥的奶奶给这个家庭留下了宝贵的财富，每个人都对她非常尊重。

让一亿家庭免费挂上全家福

在摄影行业摸爬滚打多年，陈义认为客户的摄影需求将慢慢消失，就像曾经的柯达一样。柯达创造了数码相机，却也死在了数码相机上。为了寻找一条新的发展路径，陈义选择进行产品升级，而产品便是"儿童系列成长照片融合儿童话剧"。

随着人们生活水平的不断提高，很多家长每个月都会带孩子去看一次儿童话剧。陈义觉得可以利用儿童话剧衍生出一系列的增值服务。以一场儿童话剧为例，可能有七八百个家庭来观看，陈义的团队可以从旁告诉这些家庭，观众可以与话剧里的七个小矮人拍一张合影或拍摄全家福，如果想要电子照片，就请添加他们的微信，从而进行照片传递。

那么，这些话剧的票要找谁去拿呢？当然是前面提到过的那些联盟商家，也就是第三方机构。这些机构可以将门票当作对优秀客户的一种奖励。

陈义期望借此实现自己心中最难以忘怀的一个梦想，就是将厦门地区的商业模式复制到全国各地10万多家摄影店，让一亿家庭免费挂上全家福。

目前，陈义在厦门已经积累了16万个家庭会员，通过6188系统可以将全国四万多家儿童摄影机构、约八十二万名儿童自由摄影师及工作室联盟，进而成立自己的摄影师联盟，共同去完成让一亿个家庭免费挂上全家福的梦想。

据统计，中国有四亿多个家庭，而陈义给自己定的目标大概是其中的四分之一。虽然梦想看似遥不可及，但陈义已经开始在厦门成功踏出了第一步。

录用员工全看"幸福感"

在企业管理方面，陈义非常关注员工的幸福感。他始终不忘自己走上摄影之路的初心，正因如此，陈义在录用员工时会特别看重求职者有没有"家文化"理念，有没有幸福感。

陈义认为，一个好员工，首先是一个品德优秀的人，他必须要先懂得孝，要懂得爱一个家，懂得爱孩子，只有这样的人才能成为幸福妈妈俱乐部的员工。凭借这种录用员工的原则，陈义的公司里充满了爱家人、爱宝贝之情，整个办公环境温情暖暖。

其实，陈义这种招聘员工的方式也曾遭受质疑。有人问他，你希望员工爱家、爱孩子，那么员工会不会总是借故请假，说家里又有了什么事情呢？员工肯定是以家为重，附带着做好工作。

而陈义坚信，如果一名员工跟自己的梦想一样，那么大家也会了解，每天在公司工作是一件有意义的事情。员工自己会去规划时间，积极主动地完成任务。陈义坚持"培养爱家爱宝贝的员工，顺便培养股东"的原则。所以，在幸福妈妈俱乐部中，每一名员工都是与陈义有着共同梦想的人，他们一起携手，在筑梦的路上不停地拼搏着。

创业，是一段幸福的旅程

许多企业家功成名就之后，总会回忆起成功路上遇到的困难、挫折。陈义虽出身贫寒，却总是心态乐观、激情饱满。这一切正是因为陈义认为创业就是做自己喜欢的事情，既然是自己喜欢的事情，再艰苦也是幸福的。

创业一定是你有一个想法，你想去实现一个很有意义的东西，这种创业才叫幸福。创业不是盲目地跟风或赶时髦。

陈义认为，创业者要勇敢遵循自己的心，要能把自己的梦想、责任和爱好正确地结合，选择一条适合自己的道路去走。

正如他自己，因为做着喜欢的事情，就算偶尔妻子和员工打趣他，让他千万不要重复讲自己的一些理念了，可陈义每次还是讲得很有激情。这其中最大的动力就是陈义喜欢摄影，摄影就是陈义想做的事。一份纯真的情感与爱让陈义的创业路上充满幸福的味道。

在陈义看来，作为一个创业者，如果你只是为了赚钱，那你最好就不要创业，那样你的创业路一定是辛苦的。

谈起创业，陈义一直觉得自己很幸运。因为在摄影路上，他能遇到三舅慷慨借钱，资助自己修读摄影课程。三舅家里并不是特别富裕，却能毅然决然地借4500元钱给他，并相信了他那个听起来不太靠谱的"一年还清"的承诺。陈义对三舅甚是感激，现在他常对三舅说："没有你，就没有我的今天。"

接着，在创业之路上，他又幸运地遇到了李世雄老师。

陈义曾给李世雄老师发过这样一条微信，大致内容是：您是我最尊敬的老师，是您激发了我对摄影的爱好，塑造了我的摄影理念，让我知道摄影不单单是赚钱的工具；没有您的指导，我不可能走上今天的道路，更不可能成为一位幸福的见证者。

而李老师也很欣赏陈义这个对摄影充满热爱之情的青年，他主动将自己珍藏多年的国外摄影集借给陈义学习，让陈义受益匪浅。

一蔬一饭，人生百味。生而为人，我们每个人自从来到这世间，就开始经历人间百态。种种成长历程、段段铅华岁月，除了自己，还有陈义这样的摄影师，共同陪伴左右，见证着我们的幸福。

专家点评

> 从事任何事业，只要有爱，就特别震撼人心。陈义因对奶奶的爱催生了摄影的念头。他倡导为一亿家庭免费挂上全家福，这种爱人之心，无论是在事业中，还是在生活中，都是值得人尊敬的。这也是幸福妈妈俱乐部让人敬佩的地方。
>
> 　　　　　　　　　　山东皇明太阳能集团董事长　黄鸣

王巍
散落民间，悬壶济世的救助者

企业家小传

医学科班出身的王巍，怀有一颗关爱人人的天使之心。大学毕业后，她毅然放弃安逸的办公室工作，放弃"富二代"的追求，选择与自己有着相同梦想的男友，一起从医药代理开始，一步步建立起了属于他们的医药公司。

从最初在外奔波，赚得人生第一桶金，到转型创建"循证医药"品牌，王巍自己都惊异于自己的毅力。本着为更多人解决"看病难"问题的初心，她通过先进的科技，一点点研发出自己梦想中的健康参数检查设备，并努力将这个有益于大众的医疗设备推广到基层，让更多接触过设备的患者从中受益。

当然，这个过程有成功也有挫败，但当王巍看到那一张张重新焕发笑容的面孔时，她就万分满足，那是一种多年梦想终于得以实现的欣喜。

你就是奇迹
YOU ARE A MIRACLE

一个寒冬的夜晚，一位扎着马尾辫的妙龄女孩和她的男友在小村庄的马路边走走停停。他们并非在寒冷中进行一次浪漫的约会，而是在围墙上、电线杆上贴海报，借此宣传自己不久前代理的医药产品。

当时，村里严禁张贴广告，可他们偏偏在这时候被人撞见，涉世未深的女孩与前来制止贴广告的人争执起来，双方大吵了一架。事后，男友劝慰女孩："这个社会就是这样，家人之外的人，大多冷情！很多时候，双方各退一步才能求得风平浪静。"

从小娇生惯养的女孩心里百味杂陈，自知不能轻易说放弃，心中却又充满委屈……

秉持初心，夫妻携手创业

女孩名叫王巍，父母均是邯郸钢铁公司的干部。作为家里的独生女，本当丰衣足食，享受着舒适优越的生活。然而，为了自己的理想，加之对男友的信任，她毅然选择了另一种生活方式。

王巍说："后来每每思及这段艰难岁月，都不知道自己究竟是靠什么坚持下来的。"

王巍常说，如她名字的寓意一样，她性格中也有着像大山一样的坚强；她也将这份坚强运用在创业道路上，因为她始终相信，没有自己过不去的坎儿，没有夫妻俩克服不了的难关。

鹣鲽情深，为梦想投身创业浪潮

1999 年，王巍和男友刚刚大学毕业。当时，国家已取消了大学生毕业包分配制度。无奈之下，临床医学出身的他们，选择了与医学专业相关的药品代销行业，走上了共同创业的道路。

当时，药品销售业绩的好坏与药品知名度高低有着极大关联。于是，王巍与男友通过各种方式去宣传产品，比如在电台与听众互动；作为赤脚医生亲自出诊；为村民免费开课，讲授医学知识；四处发传单、贴海报；等等。

其实，对于王巍而言，她完全不必在乡野间奔波，历尽艰辛地去发传单，也不用在电台与观众互动，说得口燥舌干。

原来，毕业之后，在做药品代销前，经过父母的安排，王巍回到了邯郸钢铁公司总厂上班。她每天朝九晚五，没有太繁杂的工作；有时间喝茶、看报纸；下班后约发小逛街，然后回到距单位不远的家，吃热腾腾的饭菜。什么都不需要自己操心，甚至连男朋友都有叔叔阿姨帮忙介绍。男朋友人选不是"官二代"，就是"富二代"。

可是面对着桌上的文件时，王巍心头却一阵阵波澜，回想起当时在大学里是怎样逐渐爱上自己所学的专业，怎样与同专业的男友一起学习、讨论，彼此说着悬壶济世的梦想。

如此安逸的生活，本应当好好珍惜，可她心里的那个声音在一天天平静的生活中愈加清晰："这真的是我要的生活吗？与医学无关，与理想无关的生活，真的能满足我吗？生活富足，我的内心也同样充实吗？我还有理想可以坚持吗？"王巍甚至逼自己不去追问这些，不去想那个在别人眼中一无所有的男友。或许按照父母的安排，自己未来的生活会很幸福。

然而，安逸和一成不变的生活，总敌不过青春时候的理想。有自己想法的王巍，又怎么会让自己的内心归于平淡呢？

于是，王巍告诉父母，自己有交往的男友，并向他们坦白，说极具远见的男友也拒绝了分配到医院的工作，她想跟着男友一起投身到医药事业；二人准备一起创业，即使做不了医生，也要做能为病人服务的人。

王巍的男友出生在一个经商的家庭，自小耳濡目染，因此很有生意头脑。他们决定努力争取双方家长的同意，一起创业。然而，要让从小把王巍捧在手心里的父母答应，让女儿去辛苦创业，谈何容易！

经过王巍自己一年间不断地劝说，加上男友不断地打电话、写信，王巍的父母终于松下口来。但二老提出一个要求，就是两人必须先结婚，然后才能在一起做生意。二人同意了。于是，在2000年，他们步入了婚姻的殿堂，也同时开启了漫长的创业之路。

热心医学，创业不忘初心

王巍说，自己创业的灵感应该源于家庭所有成员的经历。婆婆是一名乡村全科医生，自己和爱人都是学医的，在家庭生活的点点滴滴中，他们深刻理解并且经历过"求医难"的问题。

在他们看来，自己从事的事业要与医学相关，这样既能解决家人在生活中的健康问题，又能解决更多老百姓的问题。

创业伊始，夫妻俩并没有自己的店面，只能依托药房来售卖自己代理的药品。为了让产品尽快在市场上站稳脚跟，夫妻俩开始想办法扩大企业的知名度与影响力，他们时不时搞一些活动，借此作宣传。

回想起那段经历，王巍说："当时我没有觉得苦，后来想想挺好笑的。毕竟刚出校园不久，我就跑去搞一些活动，吸引大家的注意力。我在家从来没有吃过这种苦，如果让爸妈知道，他们要心疼死了！当时做药品代理的时候，真的坎坷挺多的。那时候不仅身体上累，心理压力也很大。十几万的代理费，都是公公婆婆的血汗钱，不容许我们有失败。因此，有时我们为了搞一场活动，往返活动场地都要骑六个多小时的自行车，就是不想浪费钱。"

应了那句老话："爱拼才会赢！"王巍和丈夫终于通过药品代理赚得了他们的第一桶金。

富于冒险精神的夫妻俩，并没有把这笔辛辛苦苦赚来的钱存在银行，而是进行了长线投资，然后又贷款买了一辆车。这样，大大提高了做活动期间进出送货的效率，他们也逐渐赚到了更多的钱。

于是，夫妻俩开始琢磨着能否有一个属于自己的办公场所，专门售卖自己代理的药品。后来他们找到了，然而，原本说好价格的房东临时涨价。这逼得他们花掉所有的积蓄，买下了一栋办公楼。

这时候的王巍有了前所未有的成就感，心里也愈发觉得过去受过的苦是值得的，并坚定信念，要把这条路走下去。

苦尽甘来，事业渐入正轨

有了独立的办公室后，王巍和丈夫将企业命名为"循证"。"循证"在医学上是一个固有名词，即"遵循证据的医学"。

这就意味着,当患者面临任何疾病时,一定要谨慎、准确和明智地应用当前所能获得的最好的研究技术,并以此技术为依托;同时,医生的个人专业技能和多年的临床经验,与病人的愿望三者完美地结合,才能针对不同患者,制定出针适合他们的治疗方案。

王巍这样解释公司的名字:"我们想依托这一医学领域名词,表达我们的理念和追求,这也是我们创业的初衷。"

有了固定的办公场所,王巍夫妇就开始建设属于自己的"循证药业"。经过一段时间的积累,他们开始招募团队,聚集更多人的力量,来完成他们不平凡的梦想。

三十人的团队中,货款管理、工资发放、货物进出都是王巍打理。很幸运的是,这是一个高凝聚力的团队,即使每个月的工资只有300元,团队也没有涣散。这或许跟王巍打造的团队精神有关。每获得一项成就的时候,她就会跟团队分享这份喜悦,也时时不忘为员工加油打气。

随着企业的不断发展,在日常工作中,王巍与丈夫有了明确的分工。王巍负责与员工沟通,进行企业管理;丈夫则决定企业发展方向。这对夫妻档终于迎来了事业发展的春天。

事实上,作为药品代理,他们在很短的时间内,就取得了很好的效益。他们自己代理的品牌被更多人认识和接纳,在业界的知名度也迅速提高。

然而,夫妻二人并没有被短暂的成功冲昏头脑,而是清醒地认识到,想要获得长远的发展,需要有自己的实业,代理虽能带来一次次进账的机会,但其不稳定性也是显而易见的(厂家、代理商之间的关系并不稳定)。

对医学感情深厚的王巍甚至觉得,代理药品就像养着别人家的孩子,对于药品本身总有一种莫名的距离感。

随着代理工作逐渐步入正轨,他们应对一切工作也变得得心应手了。怀揣着一腔热情,也为了真正解决就医难的问题,夫妻俩决定进行企业转型,开始研发属于自己的产品。

抓准形势,事业二度飞跃

医者仁心,明确产品定位

正如王巍创业时选择做医药产品代理一般,多年之后的企业转型也跟家人有着莫大的关系。

王巍的女儿在两岁的时候身体极度虚弱。因此,王巍成了医院的常客,她几乎每天都抱着女儿在医院里排队、挂号、就诊、抓药,楼上楼下地跑。往往看一趟病,一天时间就没了。

事实上,看病的过程中,很长的时间都浪费在了排队和上楼下楼中,而医生询问病情、做出判断和开药方的时间只有短短两三分钟,这使得整个看病过程非常不方便。

有一次,王巍见孩子的病情迟迟没有好转,想把孩子之前两个月的经历告诉医生,方便确诊。可医生却不以为意,对她说:"我先把孩子的烧降下去,咳嗽不归我管。"

回忆起那段经历,王巍仍然清晰地记得自己当时的心情:"孩子发烧只管把体温降下去,咳嗽只想着怎样治咳嗽,这样解决不了根本问题。回到家里,家人为孩子的病愁;到了医院,又听见身边问诊的人们无奈地叹息。我们都想逃离这无奈的境地,又不知从何做起。"

后来,王巍从朋友那里听说,国外病人就诊的时候都是家庭医生亲自上门。长期的合作关系,使医生对患者的病史比较了解,可以随时监控患者的身体健康,便捷又合理。这件事给王巍留下了深刻的印象。

观己及人,在中国几乎每个人都会遇到"看病难"的问题,这让王巍看到了更多与她一样,甚至更加不幸的求诊者。有些人完全没有医学知识,身体出了问题都不知道要挂哪科,也没有人进行引导,排了一小时队后发现自己挂错号……就医的过程往往充满无奈和烦乱。

为了解决这个问题,王巍决定去做一些方便自己,也惠及大家的事情。于是她想,能不能有一天,即使那些不懂医学知识的人,足不出户就能够把一些小的疾病解决掉。

事业做大后,王巍的视野也开阔了,见到了更多的人饱受医疗资源紧缺的苦。她说:"普通老百姓,尤其是偏远山区的老百姓,去看病要走很长一段山路。一些赤脚医生完全凭经验去治疗，治疗是否有效不说，老百姓花的钱还非常多。这部分人或许是支撑我们夫妻俩把基层医疗物联网项目继续下去的主要力量。"

艰难转型，二次创业见成效

既然选择从事健康事业，就应该把它作为一项长久的事业坚持下去，这是王巍对自己说的话。

在创业途中，她和丈夫有自己的初衷，也取得了一定成绩，加上多年积累下的想法和创新点，最终，他们成功地从商贸公司转型到研发公司。这个过程并不简单，对于这对夫妻来说，这是一项无形的挑战。王巍常常说，这就是他们的"二次创业"。

从商贸公司转型到研发生产，企业要经历很大的转变。做商贸就是买进卖出，产品都是现成的，相对来说比较简单；而研发则不同，所有的产品都要不断改进，以适应客户需求，同时还要紧跟市场。因而，从研发团队、生产团队到销售团队，都要重新组建。

有了之前的创业经历，即使第二次创业再难，王巍和丈夫都信心满满，觉得什么困难都能够解决。在王巍心目中，她坚信可以将产品面向乡镇卫生院、卫生服务站推广，并以此来解决普通老百姓的基础检测问题。

这是一个正确的方向，既能够为普通患者带来便利与健康，也能够让自身精心研发的产品投入市场，而这两者，正是她一直追求的目标。

最终，王巍的公司研发出了便携式的基层医疗仪器。她说："希望所有的老百姓都能够真正地意识到，这种健康医疗就在我们身边，而且能够轻松、便捷地解决掉我们生活中的健康问题。"

王巍认为，好的产品，要让更多的人认同并使用。为此，她又做起多年前做过的事——做活动。不同以往，让王巍甚为骄傲的是，这次她是通过活动来推广属于自己的医疗产品。

在我国基层医疗设备层面，针对我国居民的健康问题，国家每年针对个人有35~40元额度的安全健康检查拨款。因此，对于每个乡镇村等基层医疗点而言，理想状态是每一间乡村卫生室都配备一台基层诊疗仪器，这样才能够让老百姓免费享受医疗服务。

当下，王巍和他的团队并没有将自己的产品推广到理想状态，但怀着为大众服务的初心，他们也兼顾实行"先为患者配置，后收费"的办法。

而今，令王巍十分欣慰的是，不管是研发仪器的过程中，还是通过仪器与病人接触的过程中，她都感受到了那种悬壶济世的满足感。

2013年，新疆的库尔勒一共安装了王巍公司的60套健康检查仪器。新疆的每个州之间的距离都很远，当地医疗信息化的传递几乎为零。新疆当地人看到这种便携式的医疗诊疗仪器非常高兴，很多人都很感谢他们，因为有了这个仪器，患者就可以真正地实现他们的远程诊疗了；村民们就可以不用大老远去求医问诊，或者进行普通的身体检查了。这小小的仪器就可以搞定一切。

试点推广产品，小仪器有大用途

王巍公司研发的这台多参数健康检查仪，不仅能够进行血压、血糖、血常规等基础检查，还可拓展11项其他类型的检测项目，完全涵盖了健康诊疗的基础项目。总的来说，就是公共卫生系统的11大项、42小项诊疗的全方位体检，居民每年进行的基本健康体检，这个仪器都可以实现。

比如，在正常情况下，每天清晨起床后，患者可以通过仪器测量血压，因为这时候测量出的血压数值是最准确的。它避免了血压随着人们一天当中情绪波动，或者服用降压药而造成的数值不准确。

王巍说，通过仪器进行检测，一个关键点就是，要对自己诚实、负责，仪器测出来的数据能够让患者对自己的身体状况有明确的认知。患者不会因为感觉自己身体状态良好，就觉得自己血压或血糖没有问题，而是参考测量出来的数据，对自己的血压或血糖有明确的认识。同时，仪器还可以将每次测量的数据记录下来，形成患者的血压或血糖变化表，作为以后诊断的依据。

对于血压或血糖等指标存在问题的患者，还可以参考检测数据来适量调节药物的服用量。对于有血糖问题的患者而言，尤其要注重按时检测自己的血糖高低，在餐后两小时与四小时最好都进行一次测量，看看自己的胰岛功能如何。糖尿病患者还要记录自己的饮食，比如吃了几两饭、几两蔬菜等，这些都可以通过仪器进行实时监控，进行数据收集，为日后检查提供方便。

一次，在一个仪器试点的卫生服务站，一位情况特殊的大爷得知仪器检测速度很快，没有排队就直接来找王巍。王巍帮大爷做了基础检查，很多项目检查完都没有发现问题。

检查过程中，王巍发现大爷的嘴唇有点白，就立即为大爷查了血红蛋白，发现大爷的血色素特别低。王巍意识到，这位大爷有点儿贫血。而贫血会导致胃出问题。于是，她问大爷有没有胃胀的感觉。大爷说："好像有，之前没有在乎，但就是觉得不舒服。"

王巍心中有些疑虑，就建议大爷最好做个胃镜。结果一查，这位大爷患有胃癌。

这个结果出乎所有人的想象。经历过这件事后，那位大爷就跟她说："你这儿和大医院我都信。"听到大爷对自己和公司研发的产品这样信任，王巍在产品推广方面的信心顿时大增。

王巍说，经过仪器的检测，再加上医生对于患者日常生活的观察，有一些常识的医生都会将症状和病情联系起来，最后做出比较准确的判断。

医生可以在使用仪器检查的过程中与患者进行交流，比如问他哪里不适，观察他身体的哪一部分不对劲，然后，结合仪器检查结果作出比较准确的判断，这在一定意义上也做到了中医学上强调的"望、闻、问、切"。正如王巍的最初设想，他们的医疗仪器有以下三个特色。

第一，仪器的流动性使其适用于部队、牧民、边缘山区的居民使用。

第二，对于"都市型"居民来讲，仪器因其便捷性而被称为"医疗行业的7-11"（24小时的便利性邻里医院）。

第三，仪器的信息采集性。这一仪器相当于病患的数据诊疗医院，里面记录着相关指标的检测数据。医生可以将这些数据作为病人的诊断依据送入社区医院，然后再对接之前已经联系好的大医院。这样，平时检查和最后的确诊过程可以有效地联系起来，从而帮助医生从根本上解决患者身体上出现的问题。

顺应政策，探索企业营销之路

把握"基层医疗卫生机构改革"契机

随着"循证"的不断发展，夫妻俩更加关注政府的政策导向。

近年来，我国基本医疗保险制度坚持"广覆盖、保基本、多层次可持续"的基本方针,确保人人享有基本医疗和基本公共卫生服务,鼓励并引导更多的社会力量兴办多样化的医疗服务机构,更好地满足人民群众日益增长的、多层次的医疗服务需求。

研究显示,2009年,我国乡镇卫生院和社区卫生服务中心急诊量、住院人数各占医疗总量的23%和31%,但床位利用率远远低于医疗机构的平均水平。

尽管近年来加强了资金投入,但基层综合配套改革推进进程仍然滞后。因为基层医疗卫生现状有三点不足:第一,公益性不明显;第二,人员素质整体较低;第三,服务水平和运行效率不高。

国家发改委指出,基层医疗卫生机构综合改革的重点是围绕"保基本、强基层、建机制"三方面。为了确保改革成效,国家将把全面增强基层医疗服务能力作为医改突破口,推进乡镇卫生院对所属行政村卫生站实行人员、业务、药械、财务等一体化管理,对一体化管理的乡村医生实施药品零差率销售,并给予医疗卫生站承担的公共卫生等服务合理的补偿;省财政会更加关注经济欠发达地区基层医疗卫生事业发展,并会按其所承担公共卫生服务项目安排专项补助经费。

这一系列现象表明,中国的基层医疗事业具有良好的发展前景。可以说,王巍企业研发出的仪器,不仅可以覆盖众多基础医疗检查项目,而且检查过程快速灵活,符合政策引导方向。

因为国家政策鼓励个人进行多样化的基层医疗卫生服务形式的创

新，所以王巍想把握住改革的契机。按照最初设想，他将"多参数健康检测仪"这一仪器通过试用与改进的方式，逐渐投入基层医疗卫生机构使用。这不仅具有可行性，还能够为基层医疗卫生机构综合改革作出自己的贡献。

与乡镇医疗院及三甲医院合作

王巍与丈夫一直坚信，基层医疗市场目前处于蓝海，有非常广阔的发展空间。很多乡村卫生室几乎没有任何先进的诊疗仪器，仍旧依靠传统的听诊器、血压计、体温计来诊断疾病，而且数量庞大的乡村医生群体中，很多医生也没有接受过系统的医学知识教育与培训。尤其是偏远山区的村民，几乎没有任何就医条件。

事实上，国家要求每一个居民都参与健康检查，包括高血压、糖尿病、肺心病等常见疾病的检测。

试想，如果占中国大部分人口的农民能够提高安全卫生意识，主动进行身体各项指标的检查，这不仅能从根本上解决基层诊疗的问题，还有利于多参数健康检查仪的全面推广。每个村的卫生室都有一台仪器，方便村民免费地进行健康检查，这是王巍最希望看到的景象。

王巍认为，医生与患者之间应该是一种和谐、信任的关系，医生参考仪器所上传的患者之前经过健康检查得到的结果，有效判断病情，为病人带来健康。

当下，王巍正努力寻求与乡镇医疗院和三甲医院的合作。面对资金紧缺的问题，她也希望通过参加节目进行宣传，获得更多的投资，同时也努力让产品获得更高的知名度。王巍说，这是继她初次创业骑自行车做活动之后，宣传活动最多的时候了。

合理分工，高效经营管理

众人拾柴火焰高，巧营团队建设

随着企业产品不断走入市场，夫妻俩更加注重团队的建设，力求打造一支团结有力的团队。

王巍的丈夫不负妻子当初的信任，从创业初始，就相信团队的力量，并依靠团队使企业不断向前发展。同时，他们也在不断寻找值得信任，并且专业技能过硬的员工。

除了王巍和丈夫分别担任总经理和董事长外，企业还有一位副总和七位总监。七位总监都是夫妻俩认识十几年的朋友或者经过熟人认识的可信的人，相互间都很熟悉，而公司的副总是两年前通过猎头公司挖过来的优秀人才。

为了让公司高管之间相处融洽，王巍经常组织他们外出学习，诸如实践家、聚成等公司的学习，同时也会插入生命密码等学习环节。有时候，大家会在一起讨论问题，进行头脑风暴，甚至会吵起来，争得面红耳赤，但当问题解决后，大家都是高高兴兴的，从来不记仇。

在这个过程中，每个人都认识到自己和他人的优缺点，并且都能够发挥个人的优势，为企业作贡献。高管之间的磨合很快完成，整个高管层的凝聚力与处理问题的能力也会增强。逐渐的，团队中互相包容的意识越来越强，最终形成了一支同心协力、有序合作的团队。

一个企业经历转型，原来的工作团队也要进行彻底革新。2011年，王巍开始组建自己的研发团队。她最看重的是，这个新成立的团队给用户带来的信任感。本着互相学习的理念，王巍和员工之间平等相处，建立了类似于合伙人的关系。

另外，从医学的高严谨性以及企业的长远发展考虑，团队一致认同企业应当走上规范化的道路，使仪器不断完善更新，活动筹划和组织能力不断提高。唯有这样，才能让每一个员工都把公司的事当成自己的事情去做。

如今，王巍的公司经过股份制改造，公司全员持股，他们共同为让公司在创业板上市而不懈努力着。

除了仪器的研发需要自身的研发团队来实现，仪器的使用与维护，包括售后服务，也需要庞大的团队来支撑。循证需要对医生的诊疗水平进行培训。因为当前循证所面对的市场为基层农村医疗市场，与循证打交道的人群多为基层医生。他们很多人都不会操作电脑，公司的售后人员除了教会他们使用仪器，还要教会他们熟练地使用电脑。

夫妻分工明确，相互监督，共同成长

从创业初期到现在，夫妻俩本着一样的初心。他们分工明确，相互携手走到现在，可以说，现在乃至以后的路上，少了谁都不行。

对于从小在邯郸钢铁公司大院里长大的王巍，骨子里并不愿意做生意。然而行动力强是她的优势，丈夫又很有头脑，两人性格互补又拥有共同的梦想，这就促成了最初的创业愿想。

王巍总结道："在工作上丈夫负责大方向，我负责细节填充；丈夫负责研发和市场，我负责公司人力和财务等运营。"她还说："男人在大方向上能够拿捏准确，但很多时候大大咧咧，这就需要我发挥女性细心的优势，关注细节。"

他们俩一个羞涩内敛，一个热情外向。因此，很多时候，市场变化的契机，丈夫能很快捕捉并利用；员工之间的矛盾冲突，王巍能快速有效地解决。两人在工作上相互补充，配合得相得益彰，企业也得到了快速发展。

走过多年创业之路，呈现在眼前的一切美好画面，都源于夫妻俩相互的包容与勉励。

从前的王巍，由于独生女和城里人身份，看不上丈夫的很多想法，总会数落他。有一次，在和朋友交流的过程当中，她发现，朋友把自己的丈夫捧得高高的。她突然意识到自己应该有所改变，再这样强势和高高在上，夫妻关系可能会出现问题。

于是，她尝试做出一点改变，她发现改变之后，夫妻之间相处得更加融洽了，也发现夫妻相处其实并不需要态度上的镇压，丈夫在很多事情的处理上都要求助于她，他们在一定程度上是平等的。

而今，他们一个作为董事长，一个作为总经理，公司的很多决策都是他们二人共同做出的。

研发自己的产品也是丈夫的主意。虽然王巍一开始提出异议，但她很快就发现，丈夫选择的路是对的。王巍说："只要他选择了，我就坚持做，我发现并没有走偏的时候。"

后来，丈夫又说，并不能完全放弃商贸做生产，要两者兼顾。王巍说："没问题，只要你能说出来，我就一定能跟着你做。"王巍回忆起这些经历，内心充满着对丈夫的敬佩与爱意。

慢慢的，王巍发现丈夫身上越来越多的闪光点。比如不善与人沟通的丈夫，能够很好地解决让王巍都觉得棘手的高管之间的关系问题。他给大家讲公司年度、季度的目标。正如马云所说，不能统一人的思想，但要统一人的目标。公司要向大家明确应该做什么，最终达到什么效果。大家最后看到了希望，就不会计较现在的得失，就会朝着同一个目标奋进，付出自己的一份力量。

虽然大家有时会有摩擦，但问题都能够很快解决，最终团队还是充满着凝聚力。

在整个创业过程中，王巍并没有经历过很多人所遇到的孤独、无助和不被理解。这一切都得益于夫妻俩同心协力、一起奋斗。遇到事情他们可以一起商量、相互倾诉，两个人都能从对方那里得到安全感与支持。

家人是我强大的后盾

他们夫妻二人于2000年结婚。2001年，他们的大女儿出生。当时因忙于工作，在孩子一岁的时候，王巍就将孩子交给自己的父母带，直到孩子三岁，才把孩子接过来跟自己一起生活。在孩子成长的过程中，两三个月他们才能见孩子一次，当时根本没有想到要多陪陪孩子。即使后来把孩子接过来一起生活，他们也没有真正去陪孩子，而是在孩子面前打电话、谈生意等，专门陪伴孩子的时间少之又少。

因此，大女儿和爸爸妈妈不太亲密。大女儿甚至对他们说，自己只要有外公外婆就行了，不需要爸爸妈妈。这让王巍倍感心酸，觉得亏欠了女儿很多。

王巍的父亲自从退休后就来到深圳帮他们带孩子，接送孩子上幼儿园。或许正是夫妻俩疏于照顾，使大女儿多了些许叛逆。这也是王巍心中的一大遗憾。

由于有了在大女儿成长过程中的遗憾，在二女儿的教育问题上，王巍一点都不敢松懈。因为她知道，在孩子的成长过程中，自己是她们人生的第一任导师。

你就是奇迹
YOU ARE A MIRACLE

散落在凡间的白衣天使

被问到什么是自己心目中的奇迹时，王巍说，奇迹应该是突破理性的，不被众人所意料到的一些事情。她说，她的团队所研发出的"多参数健康检查仪"就是一个奇迹。

一直以来，人们对当下的就医环境、就医条件忧心忡忡。一旦我们有了健康方面的问题，就需要去医院排队、挂号、检查，经历漫长的等待时间，而且会耗费大量的精力。

但是有了这个仪器之后，就医的程序就有了突破性的变化，我们可以在各自的社区，在离家很近的地方，解决简单的就医问题，甚至在家庭就可以享受到便捷的医疗服务。这就是王巍心目中的奇迹之一。

很幸运的是，这是她和丈夫还有公司的研发团队一起创造的。

拥有梦想或许并不是一件值得炫耀的事情，然而在脑中造出一个崇高的梦想，并将它付诸实践便是难能可贵的。更加值得称道的是，夫妻俩汇集各种力量，不怕艰难，最后铸就成功。

王巍圆梦的过程说起来更让人感动。她怀揣着一颗济世之心，从未改变当初学医助人的初心，并为之劳碌了半生。虽然没有站在治病救人的一线，但若是没有药品和医疗仪器的支持，诊疗效率会大打折扣，甚至变为空谈。

在仪器研发初期，理应先做市场调查。这一点，王巍和他的团队可独立完成。仪器成形之后，还需要进行多轮的市场试点。这时候，就需要客户真正地去体验。此时，王巍也在努力和那些乡村卫生室所属的卫生局领导商谈产品的试用和投放问题，希望他们提出意见，但依旧遇到拒绝、怀疑等诸多问题。

在仪器试点初期，王巍发现仪器根本不像预期的那样，能够给用户提供很好的服务，反而出现了一系列问题，如仪器的稳定性不好、仪器的软件不好用、仪器存在传输障碍等。这个时候他们才发现，做研发和从事生产真的不像原本想象中那么简单，需要一步一个脚印，尽力做到满足客户的每一个需求。

随着试点工作的推进，王巍发现仪器出现的问题太多了。她开始犹豫要不要继续坚持下去。因为如果再改进这些仪器的话，没有个一年半载很难有大的成效。但如果不坚持做下去，那么无论前期研发费用的投入也好，精力的投入也好，可能就都打了水漂，自己很可能血本无归。

在饱受这些思想煎熬之后，王巍还是坚信自己的设想能为民众提供更好的服务，他们做的事业是"功在当代，利在千秋"的一件事，自己不能被眼前的困难所吓倒。

王巍说："没有钱我们可以找钱，没有技术我们可以寻找技术，这些都不是我们退缩的理由，所以我们坚持下来了。现在，仪器的应用情况是非常好的。"

纵观王巍这十几年间的风雨路，她从放弃舒适的工作，到从事与医

你就是奇迹
YOU ARE A MIRACLE

学相关的医药代理，到看到中国就医难的现状，到放弃进行得如火如荼的医药代理，转向研发益于民众的健康检查仪，每一步都走得那么坚定，这都因为她始终不忘初心。

她说，健康是幸福的源泉，每个人都享有幸福的权利。自此，她也给白衣天使做了一个新的定义——人们幸福权利的捍卫者。

她还说，奇迹正在发生，相信奇迹，奇迹就会发生。或许她一再选择相信奇迹，正是因为现实中重重的阻碍，让这个圆梦的过程不那么顺畅。不过，我们也应该选择相信，正如她所说，相信奇迹，奇迹就会发生！

相信会有那么一天，就医难问题会如王巍和万千普通人所愿，不再是那么无奈和痛苦的过程。

专家点评

> 王巍的仪器有个很大的优势，就是把病人的电子病历与病症采集器上的信息集中到一起。在社区卫生院只需一位护士和一位医生帮助患者进行身体检测，检测之后便有一个大数据对接到专属医院。这可以轻松帮助患者看病，省去了烦琐的挂号和排队时间。
>
> 软银赛富投资合伙人　陆豪

7 闫平
矗立在团队前端的守护者

企业家小传

闫平从事软件开发工作。他拥有独到的商业眼光，对企业与人生有着极为丰富的理解。

2003 年，他开始独立创业，在北京成立同力天合网络技术有限公司，业务涉及 IT 行业多个领域。经过七年的不懈努力，历经坎坷挫败，他凭借对所从事职业超乎寻常的痴迷与执着，带领企业迎来了新的发展机遇。

2010 年，闫平投资成立同力天合软件有限公司和同力天合安全信息技术有限公司，并担任董事长。他的公司始终致力于改变企业原有的固化模式，提升企业的资本价值，真正做到为企业量身定制管理软件。

2014年11月28日，对闫平来说，是个值得铭记的日子。经过四年的不懈努力，公司成功上市，登陆新三板。当钟声敲响的那一刻，过去所有的艰辛与磨难都烟消云散。

未来，闫平希望团队能够经过两三年的努力，跻身创业板。为了实现这个目标，他们正不断地寻找、吸纳和整合周边的资源。

或许，将有更多人愿意选择信任闫平，因为他们看到了闫平身上那种不服输、不放弃的精神，感受到了他对承诺的坚守，以及对整个行业的使命感。人格魅力是优秀的领导者身上不可或缺的，其形成要得益于创业路上点点滴滴的磨砺与成长，而闫平就是这样的一个人。

牵手志同道合者，稳固事业根基

在闫平的内心深处，始终都有一个创业的梦想。而这种念头和想法，被他称为"天意"。

这个梦想的实现是一个看似复杂，却又简单的过程；只有具备专业的条件和素质，并且坚持以自己的步调向前走，才能到达成功的彼岸。

同心协力，天作之合

在闫平看来，创业并非出于偶然，不是说某个人在某天忽然萌生一个创业的想法，头脑一热便去做，最后因为运气好便走向了成功，运气不好就会面对失败。

其实，创业是一种内心意愿的引导，也是一种偶然中的必然。不管自己做何选择，都要在不断的成长过程中，得到自己想要的东西，实现自己的价值。

2009年年底，闫平还是几家公司的投资人，但投资的状况并不乐观。这几家公司在同行业里并非那种能够在未来市场中占据先机的类型，可能在短期内，可以达到比较好的经营状况，但无法在长久的竞争中立于不败之地。也就是说，它们符合短期的市场潮流，却不是大势所趋。

于是，闫平不断思考，想要寻求解决方法。就在这时，他遇到自己曾经就职过的一家公司的领导。谈及创业，对方告诉闫平："做企业一定要做一个具有资本价值的企业，要有创新的核心技术，有自主知识产权。在偌大的市场中，只要抓住一部分客户的需求，就能成功，就能把企业做大、做强。"

围绕这个话题，双方进行了一个下午的探讨。这次谈话令闫平茅塞顿开。他忽然觉得自己找到了努力的方向。如果自己能走在市场前端，用先进的技术创造价值，便有机会实现更长远的发展。

而提起核心技术，闫平忽然又想到一个人——姜宏。

姜宏是北京航空航天大学的博士后，边任教，边做研发。早在读研究生的阶段，姜宏就不时遇到一些有管理需求的企业，希望自己能为他们提供有效的管理软件。有三四年的时间，姜宏都在不断地用业内技术人员都在使用的编程方式，开发各种软件。渐渐的，他觉得这样开发管理软件的效率太低。于是，姜宏就萌生了一个大胆的想法。他想研究一个不用写代码，只需将企业业务流程的逻辑梳理出来，就能自动生成管理程序的技术。

多年来，姜宏不断丰富自己的知识积累，同时不断通过为各类企业服务，积累经验，他的研究成果也不断地走向成熟。

闫平之所以想起姜宏，是因为他们之前在一些同类业务中有过合作，闫平对姜宏的专业能力比较了解。根据他的判断，姜宏掌握这项技术可以被深化，实现公司化运营，并推向市场。

于是，闫平找到姜宏，向他说了自己的想法，没想到，两人经过一段深入的沟通之后，竟然一拍即合。

有了业内领先的核心技术，有了管理方面的导师，也有了企业运营的资本，2010年4月，同力天合管理软件有限公司正式成立。公司主营业务是为各个领域的企业量身定制符合企业管理模式的软件系统，以降低成本，提升效率。闫平负责企业管理，赵勇负责投融资，姜宏负责技术。

"同力天合"是取"同心协力，天作之合"之意。从公司名称不难看出，从一开始，闫平就认为创业并不是一个人可以做到的事情，需要团结其他人，共同实现这个目标。只有大家结合成一个坚不可摧的、高效的、有价值的团队之后，再去观察市场的反应，才能看到企业的发展机遇是否会出现。当然，机遇并不是坐等出来的，是需要努力开拓的。

然而，不管是稳固核心团队，还是开拓业务，都不是一朝一夕可以完成的。其中的艰难险阻，是常人无法想象的。一个公司成立之后的三年是处于"死亡期"的，很多公司都是因为没能度过这样一个艰难的时期，最终消亡的。所以，能否平安度过这段时期，对闫平和他的团队来讲，具有极大的考验。

抵住千万诱惑，承诺与信任并行

公司成立之初，闫平并没有过多参与公司的管理业务。他负责出资，寻找行业内的专业人士与职业经理人来负责公司的管理与运营。但整整一年时间，公司的经营状况并没有太大的起色，只有一些零星的业务。他们投向市场的技术和产品，也并没有真正得到客户的重视。

一系列的问题，引发了闫平深入的思考。对于姜宏的核心技术，他从来都是信心十足的，这点毋庸置疑。姜宏拥有20年的研究经历以及四五年的成熟技术，已经不需要再改变什么。

现在最关键的问题是如何将他的技术推向市场。

是市场不承认、不接受这项技术吗？其实也不是。他们曾经遇到过一个客户。客户使用传统方法，耗时一两年，都没办法解决企业自身的问题，但在使用了他们的技术与软件之后，一两周就看到了效果。为此，这家企业的老板很震撼，对他们的软件系统也做出了较高的评价。可见，他们的技术和软件并非不适合市场需求。

从2011年起，闫平便不再以投资人、旁观者的身份关注公司经营与发展，而是决定亲自参与其中。虽然他并不是这方面的专家，但他对公司倾注的感情，与职业经理人是不同的。他一点一点地学习行业知识，看同行是如何经营企业、如何接项目、如何做产品的，进而在市场上寻找一些资源和机会，包括跟业内一些公司谈外包业务，跟一些潜在的用户谈合作，参加一些商业活动，等等。

那段时间，闫平一边埋头学习和工作，一边还要为公司正常运营筹措资金。身边的人，包括家人，自然也有很多不理解。

而闫平自己，也曾陷入过挣扎和迷茫，不知道自己究竟是不是应该坚持下去。但一想到团队，想到自己对姜宏做出过的承诺，他又觉得自己没有权利选择放弃。当初若不是自己坚持相信可以将姜宏的核心技术推向市场，姜宏就不会放弃原本稳定的工作，走上这条艰辛的创业之路，所以自己必须对姜宏有个交代。

其实，当年，他们还曾遭遇到一件意外事件。那个意外，曾让闫平以为姜宏想要放弃自己。

那一次，闫平、姜宏、赵勇一同去一家服装制造企业谈业务。客户认为他们的产品很好、很实用，有意与他们长期合作；还建议他们不仅做出合适的产品，还要附带适合企业的商业模式，专门为企业服务。谈着谈着，客户透露出想要收购这项技术的想法。

这位客户善意地、直白地向他们表达了自己的想法。客户认为，这项技术是有用的，所以这项技术的所有者也是有用的。而其他两位，也就是闫平和赵勇，便显得有些尴尬了。一个做资本，一个做业务，任何一个公司都可以找到同样的人才。所以，客户想与姜宏谈合作。客户想出 1500 万元购买姜宏的技术，为他所用。

面对巨大的诱惑和尴尬的场面，整个团队陷入了一片危机之中。这一点闫平很清楚，但他不能去做决断。他承认自己在那个时期，确实无法为姜宏的技术带来更大的价值。这是因为自己没有能力，而不是因为这位客户有意对他们造成这样的伤害。既然姜宏是整件事情的核心，那么决定权当然就在他手里。

闫平永远都无法忘记，当姜宏断然拒绝客户的要求，选择继续留在同力天合时，自己感动的心情。

姜宏说："我不能因为客户的1500万就放弃咱们的初衷，又不是有钱就可以做好任何事情。更重要的是有人踏踏实实地愿意把这个事当成事业来做，当成自己生命的一部分来做，这才是最重要的。"

承诺之重，重得令闫平有些喘不过气。但他愿意承担，愿意背负，愿意坚守。虽然他也不知道，自己未来会面临怎样的处境，但是这又有什么关系呢？只要一点一点地克服困难，一步一步地继续闯，总会迎来转机的。

后来，同力天合与各地的知名企业合作过一些项目，这些企业均在所属行业处于领先水平。这些企业选择相信他们，而他们也在努力地运用信息化的方式，帮助企业呈现出他们想要的结果。在这种双向选择的过程中，闫平的团队积累了更多的经验。

闫平明白，当同力天合还不是业内知名品牌时，企业选择他们，一定是对他们的运营理念和产品理念有了深入的了解之后，才作出的决定。

而他们在接触企业时，也要看企业是否接受他们的服务。一旦企业选择接受，那么在整个服务期内，他们便会全力投入，帮助企业解决所有需要解决的问题。他们不像其他同行那样，出售一种产品，只解决某个方面的问题。

当越来越多的企业从同力天合的经营模式中获益时,同力天合也迎来了更好的发展局面。

事实证明,闫平的选择是正确的。2014年5月,央视的《新闻联播》节目中播出了一条抢眼的新闻。新闻说,一家西服生产企业采用一套新的系统后,企业发生了非常大的改变。

> 第一,快速广泛地利用数据。比如,三百多项量体数据进入系统,可以马上跟70亿条已经存在的人类版型数据作对比,并能快速生成并选取唯一的、独特的适合某个人的版型。之后,夹杂着工艺参数的版型,就可以直接进入流水生产线。
>
> 第二,节约成本,提升效率。系统改变节约了两百多个版型匹配源,不仅代替了手工,而且使企业可以用工业化的生产方式去生产个性化的产品,从而改变了企业原有的商业模式,使企业每年可以节约五千万元的开支,最终创造出四亿元的利润增长。

这是非常了不起的一个案例。这家企业的转变就是依靠同力天合的先进技术实现的。此前,这家企业也曾选择别的管理软件厂商,但做了一年半的时间仍没有起色。选择同力天合之后,仅仅用了两周的时间,他们就看到了变化。

对企业来说，"高效率、低成本"是其不懈追求的方向。而能够在短时间内实现目标，则是企业管理者们最希望看到的结果。经过重重坎坷之后，同力天合逐渐证明了自己的能力，为企业带来了他们想要的产品和服务，而同力天合也在不断地自我实现的过程中，找到了自己在行业中的位置。

在这个侠义不被看好或不被推崇的时代，闫平坚守着自己的承诺，走了一段别人看来不可能成功的路。这的确是一个小小的奇迹。

当被问起如何看待承诺时，闫平说："承诺看似只有简简单单的两个字，它带给你的责任却无比沉重，当你实现承诺时，便会有一种强烈的成就感。

"虽然履行承诺的过程很艰难、很曲折，但那是别人对你的信任，要用心回报。我们要看到承诺背后更多的东西。我觉得，既然自己承诺了，就要竭尽全力去做，并做到最好。

"我的创业路伴随着承诺，有我对姜宏的，其实也有姜宏对我的。他承诺，技术一定会为我做好；我承诺，市场一定替他打开。我们彼此承诺，不离不弃。"

细节决定成败，认真获得回报

企业成长的过程，亦是创业者自身成长的过程。因而，任何一位成功的企业家，他们所创造的成绩靠的并不是"天上掉馅饼"般的好运气。

闫平说:"每个人遇到的事,都是一种必然的经历。每个创业者都要去经历这些生生死死,才会对创业有更多的感悟,才会对自己身处的行业和产业有更深入的认知,才会体会到用户拿到产品时的那种信任感和满足感。"

闫平是一位颇具使命感的创业者。他对核心团队、对公司,乃至对整个行业,都倾注了极大的热情和精力。或许连他自己也没有意识到,这种不停的努力,不放过任何细微希望的处事方式,正是同力天合走到今天这个高度的关键所在。

曾经,面临企业发展瓶颈的时候,他仍然坚持一家客户一家客户地上门拜访,向那些企业的所有者、管理者推介自己的产品。作为一家刚刚起步的新公司,如何取得客户的信任,让那些大企业投入几百万甚至上千万去做一个管理项目,这其中除了不断地尝试和努力,没有更多的捷径可走。

一次,闫平与姜宏一起去内蒙古包头市的一家国企谈项目。当时天气特别冷,还下着雪,路面很滑,他们一大早就开车往目的地赶,因为路况不好,用了约半天的时间才到。

姜宏看着身边的闫平,西装革履,衣服穿得特别薄,心想,在这样恶劣的天气和环境下,闫平的身体能承受得住吗?于是,他问闫平:"咱们不过是去见一个客户,需要这么拼命吗?"闫平点了点头。

其实,闫平也觉得很辛苦、很受罪,但他坚持认为,这样的态度才是正确的。因为自己不能放过任何一个可能成功的机会。只有对客户足够重视，客户才会对你的项目足够重视。

还有一次，闫平与姜宏远赴福建泉州拜访客户。这位客户挺看好他们的产品。但同时，他们也有好几个竞争对手，而且闫平他们的报价略高，并不占优势。再加上客户企业的中层管理者中，有一位管理者与其中某个竞争对手关系特别好，无形中也增加了他们成功的难度。

经过一段时间的洽谈，客户明显比较倾向选择这个竞争对手。客户表示，公司以前也做过类似的项目，现在遇到一些困难，他们相信同力天合也有能力帮助他们解决问题，但他们更希望可以与知名度比较高的、有背景的企业来合作。

当时姜宏认为，这一次肯定是没有什么希望了，但闫平并没有放弃。经过考虑，闫平再次带领团队来到这家企业，从更加实际的角度，向企业展示他们的技术可以达到别的公司达不到的效果。

因为他相信，没有哪个企业不愿追求"低成本，高效率"的经营管理模式，倘若前期的投入可以在后期换来巨大的利润回报，那么前期的投入就是完全值得的。最终，这家企业被闫平说服了，选择了年轻的同力天合。

长久以来，同力天合正是在不断地被客户重新定义、重新评价的过程中一步一步走向正轨的。这其中，离不开闫平无孔不入般的坚持。只要有一丝一毫的机会，他就绝不会放过。因为闫平相信，只有不断地努力争取，才能得到机会。

在闫平看来，创业的开端只是一个起点而已，它的好与坏并不代表公司的走向和结果。无论这个开端是好的还是坏的，都有可能开出一朵漂亮的花，关键在于企业的基因与成长过程。

对于同力天合而言，基因的正确性即指姜宏的技术，那么，最后成不成功就在于如何成长了。闫平相信，只要事情本身是有价值的，就值得去拼、去努力。如果还没有达到预期的结果，那就是因为吃的苦还不够，还没有等到一个适当的时机。

创新团队管理，加速企业进步

对于一个初创型企业而言，用时间来克服成长中的艰难，是企业必经的阶段。无论是对闫平的核心团队来说，还是对整个公司的大团队来说，这都同样重要。所以，闫平对公司的员工也有非常严格的要求。

首先，他要求公司的员工都要以一种"工作狂"的态度去面对工作，朝九晚五地过闲散日子是肯定不被允许的。闫平认为，如果员工热爱这个行业，就要去做一些别人做不到的事情，就要投入更多的时间和精力，去创造一个奇迹。

所以，在闫平领导的团队里，早九点至晚八点，或者早九点至晚九点的工作时间是很正常的。当然，这种工作时间并不带有强迫性质。项目摆在那里，周期摆在那里，员工想要做好自己的工作，更好地满足用户的需求和期望，就要多做事。毕竟，每天工作八小时和每天工作12

小时，收到的效果是不同的。

闫平希望自己的员工、自己团队的成员们都能成为服务企业的优秀员工，成为行业内的专家，因而付出便是他们必须经历的过程。如果员工想要熟练掌握技术，就要靠足够的时间去沉淀；想要用心地使用与研究技术，就要投入比常人更多的精力，只有这样才能打磨出自己想要的结果。

闫平对员工说："你为用户想得越多，你的投入、你的精神在产品中就会得到更多的体现。你自然就会被客户认可，被公司认可。"

其次，闫平对员工生活方面的了解也是比较全面的。在他眼中，每一个员工都是不一样的。每个员工的能力、习惯、优势、劣势等，他都比较了解。对于闫平而言，在了解员工的基础上，想办法提升和完善每一个人的素质，从细微之处改善他们的状态，也是企业管理的一部分。

比如，有的员工因为久坐，缺乏运动，导致身体偏胖，并且没有减肥的意愿。那么，闫平就以"打赌"的方式进行管理。他承诺，只要员工减肥成功就能得到奖励。如此一来，员工的身体状况就能得到改善。对公司来说，这是一件好事；对员工自己来说，这也是一种人生的体验和收获。

或许正是这种上下打成一片的企业氛围，才让同力天合能够在短时间内得到越来越多用户的接纳与认同。而身为同力天合的员工，也得到了在别的公司所无法得到的宝贵财富。他们付出的时间和心血，将换来更有价值的回报，没有什么比这更有意义了。

闫平在谈及内部管理时，真实地表达了自己的想法："我认为所有的决策、执行和团队内勤都是大家一起去做的，并不是靠行政命令。

"命令一个人做他不想做的事，起不到好的效果。但如果他得到了别人的尊重，找到了自信，他自身所释放出的能量才是巨大的。所以，我的感觉就是，一定要让员工'狠'起来，一定要激活整个团队的能量。这样就可以带动整个公司向前走。"

这些理念，是闫平从实际的管理当中得来的。多年来，他始终坚持创立"同力天合"时的初衷，寻求一种"共同发展"之路。无论是对核心团队、公司内部员工，还是对整个行业，他都是如此。所有了解闫平的人都知道，他对整个行业的热爱，甚至大过了爱他自己的企业。

高瞻远瞩，专注务实

朋友曾经问过闫平："你现在已经追求到自己想要追求的价值，你的产品已经惠及了很多企业。但这个价值不见得会延续很久，因为很可能在未来的某一天，你的技术被别人偷走了。国内的知识产权环境并不是很好。当这个技术很火爆的时候，就会有人来切这个蛋糕，或者搅乱市场。那时候，你还能坚持下去吗？"

闫平心平气和地回答朋友："我想，我考虑问题的角度可能会有一些不同。他们愿意用我们的技术，是因为我们的技术足够好。那么，我们为什么不能在他们偷走之前就给他们？况且，现在我们已经在新三板上市,我们已经有实力去并购他们,为什么不把技术给他们,让他们去用,让他们跟我们一起成长?"

多年来,闫平与他的合作伙伴始终对公司的核心技术充满希望。这种希望不是盲目的,而是根据对市场需求的了解得来的。越是了解市场,他们就越坚信自己的技术能够在传统的软件市场掀起波澜。所以,即使面临困境,他们也未曾产生过放弃的念头。

事实证明,闫平的选择是正确的。目前,越来越多的企业意识到自身在管理层面的不足。很多成品化的管理软件无法真正解决企业的实际问题,而同力天合正好可以帮助他们改变现状,使他们向更合理化、更完善化的方向发展。这也成就了同力天合如今的成绩。

因 IT 领域的特质,资本的竞争成为诸多企业所面临的重要难题之一。技术的快速发展需要足够的资金支持,上市也就成了最好的选择,或者说是一种自然潮流。

成功上市之后的同力天合更符合社会的价值标准,在客户眼中更有实力、更稳定,也更有价值。闫平说:"在互联网时代,要最大限度地发挥公司的电子化优势,让更多周边的公司加入进来一起做,形成一个体系。"

按照闫平的计划,在 2016 或者 2017 年争取进阶创业板,发展到 2018 年,公司市值要达到 100 亿元。他相信,当同力天合做到这一步的时候,整个行业的局面就会发生很大的转变。

闫平热爱 IT 行业,虽然并不是从一开始就很热爱,而是选择之后才逐渐爱上它，但他对整个行业的无私，并不是每个成功的企业家都可以做到的。在闫平自己看来，这是再正常不过的逻辑。

长期、专注地从事某一个行业的人，一定是爱这个行业的；只有爱这个行业，才能创造更多的价值；只有创造更多的价值，才能获得成功。就像公司的团队、员工，如果他们不爱公司的技术，不爱公司的用户，是不可能为用户着想，把工作做到位的。

正是凭借这样的信念，凭借自己对行业、对公司、对团队、对员工、对客户的爱，闫平真正将同力天合当成了自己生命的一部分，从每一个细节做起，坚持做自己认为有价值的事情。

用他的好搭档姜宏的话说："闫平是一位洒脱、有激情的人。通常一些有激情的人，都没有持久性。但是闫平不一样，他是特别有持久性的那种人，从不言败。一件非常小的事，可能别人以为不重要，他却认为是非常大的机会。很多时候，事实证明的确是这样的。"

每个明天都是有希望的，关键看你有没有坚持下去的勇气。闫平是这样想，也是这样做的。

机会总会垂青有准备的人

当闫平终于有机会明白创业的本质，意识到自己真正应该做的是怎样一件事情的时候，他迈出了正确的一步。同时，面对外界源源不断的

你就是奇迹
YOU ARE A MIRACLE

磨砺与考验，他也在不断做出改变，并弥补自己的缺点，以百战不殆的精神直面创业中的艰难险阻。正因如此，"同力天合"才有了今天的成功。

如今，闫平在同力天合的精神领袖地位已经逐步确立。当他的团队消极倦怠的时候，他们想到闫平，就会重新站起来，以饱满的精神向前走。

闫平从不否认自己的位置，他说："如果一个人足够强大，他就能带动整个团队。与此同时，这个人也要不断地成长，最后将团队转化成一个企业家组织。"

作为一位成功的企业家，闫平并没有特别傲人的履历。

年幼时，闫平的成长环境算是同龄人中比较好的。父亲是厂里的高级工程师，母亲是小学老师，家庭氛围的影响使闫平从小就带着几分儒雅的气质。因家教十分严格，闫平始终在按部就班地读书，在不断地通过一次又一次考试之后，进入大学，学习会计专业。

那时，闫平对于自己的选择并没有特别清晰的定位。他性格内向，还略有口吃。那时，他的内心深处对自己并没有太多的要求，没有什么雄心壮志，更没有什么伟大的理想。读大学，顺利拿到毕业证，找工作，养家糊口，他的生活基本上就延续了这样一种普通人的模式。

1997年，原籍山西的闫平，大学毕业之后去北京，开始他的北漂生涯。原本，他是想找一份与自己专业对口的工作，先保障自己的生活。然而，因为一些原因，他最终并没有从事会计工作，而是渐渐接触到互联网。

闫平的最后一家任职单位，是当时国内最早、最大的一家B2C（Business to customer 企业对消费者）电子商务网站。那个时代，在经济发展的大环境下，互联网成为一种潮流，因此很多同类型的企业应运而生。

但就像闫平后来说的那样，他们是"潮流"，但不是"趋势"。潮流最终将会走向消亡，所以他所任职的企业也是如此。差不多三年的时间，闫平目睹了自己所在的行业和所在的公司一步一步地走向灭亡。

整个过程，引发了闫平深深的思考。也正是从那时候开始，他萌生了创业的想法。他对一些软件产品比较了解，有可以合作的朋友，于是，他的创业便从最传统的销售开始做起了。那时的闫平，只有二十七八岁。

在众多年轻的创业者中，闫平算是比较成功的。虽然用他的话来说，他之前所做的那些销售，只是传统的代理商、中间商、分销商，没有核心的技术，没有价值。但从他所获得的成绩来看，他已经算是相当不错的了。他淘到的第一桶金，就有五六百万元的收入。

后来，在谈及这些成绩的时候，闫平总是将自己的成绩归功于当时的大环境。闫平说，那是一个需求十分旺盛的时代，凡是制造出来的东西就会有人买，所以销售这一行相对来说不像现在这样难做。即便真如他所说，他还是克服了自己性格方面的一些不利因素，成功地磨炼了自己。

闫平回忆说:"那时候,我根本不知道自己的路在哪里,其实也很迷茫。我也不认为自己是在创业,只觉得自己其实是在赚钱、生存、糊口。这些事情是自然而然发生的。因为当时离开一家原本预计要上市的企业,看到他的兴衰成败后,自己就想试一试。然后,我就跟几个小伙伴一起成立了公司,做得还不错。"

2003年时,软件的销售已经没有了当初的那种火爆势头。闫平考虑到行业的发展趋势,不想继续在这个行业里陪它衰落。他决定跳出来,用赚到的钱去做别的事。之后,他没有选择继续创业,而是选择了投资。

闫平认为,"妄想不劳而获"是人的本性。任何人都无法真正逃脱这个本性,所以当自己的手中积累了一定的财富,可以通过投资别人的公司赚取利润的时候,这种本性就会忽然跳出来,占据上风。

没有人不喜欢快速赚钱,再加上将近十年创业历程,他认为自己已经具备了对行业、对项目的判断能力。所以,当他所相信的人认为某个项目可以投资时,他就投了。

当然,一路走来,投资的结果并没有闫平最初想象中的那么好,可以说是失败多于成功吧!那些项目基本上都是昙花一现,并没有经受住市场严酷的考验。

然而,对于闫平来说,未来并没有到此终止。在这样一个关键的转折时期,他没有一味地埋怨经营者,而是更多地反思自己。以正确的态度对待失败,这也是他后来能够走向成功的一个关键环节。

闫平解释说："关于投资，我得出的教训是这样的。我觉得对于投资者来说，一个项目失败了，往往只想到别人的原因，觉得是别人错了，但事实上，应该更多地反思自己，比如是自己选择的人不对，或是自己选择的项目不对。

"经营者本身是没有错的，人家已经告诉你这件事是有风险的，是你自己选择相信了这个人，跟这个人本身没有关系。何况，人家也做出了努力，失败有时只是大势所趋。所以，要将事情失败的缘由回归自己，不要向外。"

丘吉尔曾说过这样三句话。

第一，坚持下去，并不是因为我们真的足够坚强，而是因为我们别无选择。

第二，并不是因为我们喜欢做一件事情，我们就可以把它做好，而是我们在做的时候，学会了喜欢它。

第三，我没有别的，只有热血、勤劳、眼泪和汗水可以奉献给你，这些是我最宝贵的财富。

这是闫平的座右铭，也是他一直遵循的"心灵指引"。当他有更多的责任、更多的使命要去背负的时候，他选择快乐地坚持与无私地奉献。

未来的同力天合，在他的引领之下，定会越走越远，这，毋庸置疑。

你就是奇迹
YOU ARE A MIRACLE

专家点评

　　现在所有的软件公司都是卖标准化产品，没有个性化的量身定制，但同力天合在软件的私人定制部分做得还是不错的。闫平为企业做了一个很精准的定位。

软银赛富投资合伙人　　陆豪

张剑青
千锤百炼,孤独求索的创业领跑者

企业家小传

从天之骄子到大学退学生;从身家百万的销售冠军,到三次创业失败;从与合伙人分道扬镳,到最终找到方向,创立新型劳务派遣公司。这一切都见证了张剑青坚韧不屈的性格。

当同龄人还在享受大学自由的环境时,他已经先知先觉,走入职场,并占据了一席之地;当同龄人面对毕业压力,焦头烂额地求职时,他已经小有身家,开始创业。创业之路,历经失败,他从未言弃,一次次地勇敢站起来,终于抵达成功彼岸。

张剑青没有比尔·盖茨和史蒂夫·乔布斯那样的传奇经历,但是,他有独属于80后的气质。面对压力,他依然风雨无阻,阔步前行。

一个人有多么强大的信念，便可撑起多大的梦想。张剑青便是这样满怀雄心抱负的人。

步入象牙塔，他选择了和别人不一样的路——退学干起了销售。没有人理解他的所作所为，可他成功了，赚到了几百万元的资金。创业的信心随之高涨，可他没想到的是，在后续的几次创业中，自己竟输得一塌糊涂。

心疼吗？疼。可唯一不变的，依然是他执着不悔的心。从一无所有到企业渐入佳境，他超越了，突破了，创新了……

退学，与世界首富同样的选择

Harvard University，这是无数学霸们梦寐以求的求知圣殿。如果你不知道这个英文组合是什么意思，那么，你应该不是一个英文很牛的学霸，但当你听到它的中文意思时，你一定会急切地说道："我上小学的时候就知道了！"

现在我唯一能够告诉你的是，Harvard University翻译过来的意思就是"哈佛大学"。

哈佛大学，这座位于美国马萨诸塞州剑桥市的世界第一名校，不仅拥有数百年的光荣历史，还走出了上百位诺贝尔奖获得者，培养出了富兰克林·罗斯福、乔治·布什、约翰·肯尼迪等八位美国总统。

更值得一提的是，这座一直以对学术的无限追逐而闻名遐迩的世界顶级学府，还贡献出了一位影响现代全球商业史和人类科技文明发展进程的商界领袖。

这个人就是18岁成功进入哈佛大学，一年后从哈佛退学，创办了一家名叫"微软"的公司，20年后经常登上福布斯全球富豪排行榜首位的超级商业领袖比尔·盖茨。

就在比尔·盖茨开始他的传奇创业之旅的第二年，一个出生于美国旧金山的年轻人也作出了几乎一样的决定——退学离开，与好友一起去创业。后来，这位年轻人也成为与比尔·盖茨一样，能够引领世界发展潮流的商界巨星。这个年轻人是谁呢？他就是将"不创新，就去死"的理念视为毕生信条的"苹果帮主"——史蒂夫·乔布斯。

2011年10月5日，史蒂夫·乔布斯因为胰腺癌恶化不幸辞世。但是，他创办的苹果公司依然在良好的轨道上高速前行。也许，在未来的某一天，他依然是世界商业史上一颗华光熠熠的不落星辰。

但是，今天这个故事的男主角并不是比尔·盖茨抑或史蒂夫·乔布斯，而是一个与他们几乎毫不相干，却有着几多类似的中国年轻创业者。

他没有想着去复制那些商业领袖的商业轨迹，除了在命运的轨道上与他们有着某些类似的经历外，黄皮肤、黑眼睛的他与白皮肤、蓝眼睛的他们，唯一真正相同的地方就是，他们都希望用生命去告诉所有人：我就是奇迹！

故事的主人公名叫张剑青。2004年，他还是一个正在读大二的学生。

那是网络正在中国街头小巷快速普及的年代，许许多多的年轻人在放学或下班后，第一个冲进去的地方就是网吧。在那个烟雾缭绕、处处散发着颓废气息的空间里，很多的青春与美好最后都变成了虚拟世界的残忍厮杀，及青春荷尔蒙躁动时的青涩遐想。

当然，也有很多有志向在网络这片新世界里开疆拓土的年轻人，他们希望复制比尔·盖茨等世界互联网大佬的成功案例，在那个看似虚拟，实则比真实更真实的世界里，成功建立起属于自己的商业帝国。

在众多年轻人中，张剑青人如其名，剑走偏锋。他既没有让青春一点一点地死于网络里,也没有在互联网上寻找发财机会,而是作出了一个很多人看来疯狂一般的决定——退学,放弃无数人羡慕的学子身份,转身去追求自己的财富梦想。

与比尔·盖茨和史蒂夫·乔布斯一样,张剑青之所以退学,是因为他发现了一个非常难得的赚钱良机。

张剑青是一个很喜欢折腾的人,上大学之后便跑去广州百货做兼职销售,他做兼职并不是因为家里人给不起他生活费,而是他想去看看外面的世界到底有多么精彩。毫无疑问,对于80后这一代的大部分年轻人来说,上学的时候出去做兼职,并不是一件容易的事情。但是张剑青干得不错,他在广州百货做出了不错的销售业绩,同时也发现了一个赚大钱的机会。

于是,他一转身,便扎进了保健品行业!

那时候的保健品行业是怎样的呢?如果你对"脑白金""生命一号"等轰炸电视荧幕的广告还有印象的话,你就会明白,当时的保健品行业绝对是一个黄金行业。

著名财经作家吴晓波,曾经在《激荡三十年:中国企业1978—2008》一书中这样描述保健品行业:"激情首先从保健品行业迸发。从事保健品行业的企业家大多是'营销天才',虽然他们身上常常带着浓厚的草莽气息,但他们对于消费者心理的精准把握,对于广告策略的理解,对于营销网络的组织,令很多在中国市场上经略多年的外资品牌和港台营销高手都百思不得其解。正所谓'乱拳打死老师傅'，快速繁荣的保健品行业折射出中国庞大市场空间的超级魅力，也显示出中国本土企业在市场上的惊人创造力。"

吴晓波这段话描述的是20世纪90年代年保健品行业在中国刚刚崛起时的情景。而十年之后，也就是2004年的保健品行业呢？除了走出了史玉柱这位在中国商业领域内纵横捭阖的营销天才之外，中国保健品市场在经历了一个重新洗牌的过程后又一次以王者的姿态归来了。许许多多的保健品企业在经历生死淬炼后，开始进入了新一轮的"火山喷发期"。

此时，张剑青就站在保健品这个正在喷发的火山口上。如果不是命中注定，那么只能说张剑青的眼光够独到。尽管他还是一个年轻小伙子，但他的选择已经为他以后的爆炸式发展奠定了良好的基础。

于是，张剑青退学了，迎接他的，是一个光明的未来！

一个人踏上创业征程

从充满青春气息的大学迅速转入竞争激烈的保健品行业，张剑青的转身在旁人眼里似乎注定是要失败的。世界这么大，比尔·盖茨与史蒂夫·乔布斯那样的商界精英选择退学创业，完全可以用凤毛麟角来形容，为什么你张剑青就觉得自己可以呢？

所以，张剑青从退学到进入保健品市场之初，不论是同学还是亲友，都对他充满了质疑。父母在听说他要退学后,甚至以断绝亲子关系的方式逼他回学校读书。然而,最终的结局是,张剑青用一个华丽的转身,告诉当初那些质疑他的人:"不是我做错了,而是你们看错了!"

张剑青不是以一个创业者的身份,而是以一个从业者的身份,进入保健品行业的。他进入了一家在全国极具影响力的保健品公司,一边推销产品,一边帮助公司做招商引资工作。

在这家公司,张剑青第一个月就拿到了7560元的工资。7560,这个数字对于张剑青来说,意义非凡,十年后的今天他依然记得这个数字。即使放在今天,这个数字和北上广深等一线城市的白领阶层收入也相差无几。

张剑青回忆说:"那段时间是我人生中相对比较好的一段时间。因为我做销售,自己也挺喜欢那份工作,而且团队氛围比较好。因为是系统工作,不是我一个人在奋斗,大家配合比较好。我第一个月的工资其实是三年里面最低的一次。"

在这家公司干完一个月后,张剑青的薪水便开始直线上涨,三年中最高的一个月拿到过25万多。后来他开始带领销售团队,所带团队也经常获得公司"冠军团队"的荣誉称号。他手下很多组员一个月的业绩比其他组组员的两倍还多。

这一切,对于一个从大学退学的年轻人来说,绝对是一件值得炫耀的事情。但是,对于张剑青而言,他在保健品行业里摸爬滚打的三年间,最大的收获就是掌握了出色的销售技巧和丰富的专业知识,以及怎么样带领一支团队在竞争激烈的市场上冲锋陷阵。

这些并不是那个时候的张剑青最感到骄傲的事情。他最骄傲的事情莫过于每个月给家里很多钱，还为父母在老家建了一栋七层的楼。父母亲生活得日益安定幸福，他们的银行卡上每月都会多出很多钱。他们除了为儿子感到骄傲外，也渐渐接受了张剑青当初的选择。

一个二十岁出头的年轻人，在短短的三年时间里成为一位拥有百万身家的行业翘楚。在别人看来，张剑青无疑是成功的。

可是，在拥有远大志向和宽广格局的张剑青看来，现在这些其实只是一件不值得多提的事情！因为，他是一个不甘于平庸的人，是一个有着远大梦想的人。所以，让张剑青去过富裕安逸的日子，无疑是非常痛苦的。

既然如此，那为什么不选择去创业呢？对，就去创业！

选择创业，并不像当初选择退学一样简单，因为创业从来都不是一个易于实现的事情。哪怕你在之前的工作岗位上多么成功，一旦踏上了创业这条遍地荆棘的坎坷之路，都预示着一切将从零开始。

硅谷创投教父，贝宝（PayPal）创始人彼得·蒂尔和布莱克·马斯特斯在畅销书《从0到1：开启商业与未来的秘密》中写道："从另一个极端说，如果舍弃团体，一个孤独的天才可能会创造出经典的文学艺术作品，却不能创造出整个产业。初创公司要遵守这样一个原则，你需要和其他人合作来完成工作，但也需要控制规模，使组织有效运转。"

既然创业不是一个人可以完成的事情，是需要和其他人合作来完成的工作，那么你又怎么能说服别人与你一起奋斗？别人又凭什么跟着你走一条只有方向却前途未卜的路呢？

这些问题对于张剑青来说，似乎不是问题，因为他还有他的"六兄弟"——自己现在带领的"冠军团队"。张剑青想："这还有什么好怕的呢？马云创立阿里巴巴的时候身边有'十八罗汉'，俞敏洪创业的时候有'同窗双雄'，虽然我和我的'六兄弟'未必有他们厉害，但是我们的激情与拼劲决不输于他们。"

可是，真正走到创业那一步时候，张剑青只有一个人，他的"六兄弟"并没有和他一起走。原因其实很简单，他不想带着公司的团队走。不是大家不能走、不想走，而是张剑青放弃了挖人，因为他觉得这样干太不厚道！

自己在这里赚了钱，取得了成功，临走时还背着别人挖墙脚，放暗箭，这样的人即便以后取得了成功，也不会在成功的道路上走得太远。因为其失去了道义！

而创业，除了拼思路、拼激情、拼执行，更要拼的是道义。所以，张剑青最后还是决定自己一个人干！不管前路多么坎坷，只要自己走得正，总会迎来希望的曙光。

2007年的那个夏天，张剑青辞去了让无数人羡慕的分公司总经理助理的职位，再一次义无反顾地踏上了自己的征程——一个人的创业征程！

创业路，历尽接踵而来的失败

一个人的征程注定是寂寞而又无助的，就像脱离雁群的孤雁、走出狼群的孤狼，不管天空多么浩瀚，不管草原多么辽阔，也总有缺少归宿的感觉。

第一次走上创业路的张剑青便有了这样的感觉，可是他就像是一支射出弓弦的利箭，再也没有回头的可能了！

既然无法回头，那就继续勇敢地闯下去吧！张剑青马上就丢掉了自己做公司高管时的架子和派头，就像当初做推销员一样开始奔波起来。

由于之前在保健品行业里小有成就，张剑青还是决定在保健品行业里继续掘金，毕竟自己实在太熟悉这个行业了。

然而，命运还是跟张剑青开了一个大大的玩笑，或者说他的自负让他栽了一个大跟头。在保健品行业里创下了辉煌战绩的张剑青，在自己创业后却发现，自己原来是一个门外汉，只懂得销售。至于仓储物流、进货验货等方面的经验，他则十分欠缺，甚至可以用一无所知来形容。

不懂不要紧，明知不懂还要去做，那就很危险了，而第一次创业的张剑青就犯了这样一个错误。

张剑青创业后便马上跑到了上海，代理了一款保健品。按照他以往的经验，自己只要铺开一些店铺，将这些产品投放进去，再用一些营销技巧将产品迅速地卖出去，那么就能够一点一点地做大。

可是，等待张剑青的却是一场骗局，一场让他的大部分创业资金都打了水漂的骗局。

张剑青来到上海之后，就开始选择产品，因为他要做一个由47个产品组成的产品系，所以涉及的产品众多。虽然之前一直在从事产品销售工作，但在选择产品方面，张剑青却一无所知。因此，他拿到了很多没有批文的产品，这些产品都无法铺进药店、超市进行销售。

创业伊始就遭遇了挫折，但这对于张剑青来说并不算什么大事儿，无非就是交了一点学费而已。可是成功的学费又岂会如此低廉？

很多时候，一个人要想成功，只有坚毅还是不够的，还要从失败中不断汲取教训，进而转化为自己的动力。通俗点说，成功就是要有坚毅的品质，更要学会吃一堑，长一智。

可张剑青吃了一次亏后，并没有认真总结自己为什么会吃亏。也许，他在一个模式中生活得太久了，变得麻木了。张剑青的商业嗅觉已经不再像之前那样敏锐了，甚至失去了对危险应有的警觉。

当上海的一位保健品老板找到他做广东省总代理，并且将自己在上海的各处房产展示给他看的时候，他竟然轻易地就相信了对方。虽然张剑青此后看到对方的公司就在一个烂尾楼里，且只有几个员工时，他的内心闪过一丝怀疑，但他最终还是选择了相信。

因为在年轻的张剑青看来，对方的实力如此雄厚，而且人家讲话又很仗义，是根本不会欺骗他的！用张剑青的话来说："他在上海有那么多套房子,产品感觉还不错,他给人的印象也非常好,所以我就轻信了他。"

张剑青轻信对方的结果就是,先交了十万元的定金,又在对方的一通忽悠下交出去了数十万元的货款,等到一车接一车的货物送到之后,他才发现那些货物都是不知名的小厂家生产的,而且没有批文的。

看着堆满整间房子,无法卖出的保健品,张剑青创业之初的澎湃激情与昂扬斗志一下子就消失了!

被欺骗的滋味真的不好受,第一次尝到失败苦果的张剑青一个人坐在屋子里,看着那些无法出售的保健品,感觉自己就像一个正在飞速奔跑的运动员,突然被障碍物绊倒了。

前方的彩带与鲜花,掌声与呐喊声,已经不再属于他。原来,从天堂到地狱,从成功到失败之间的距离是如此之短,短到只有一个谎言的距离。

几天之后,刚刚出道就遭遇重大挫折的张剑青才渐渐地缓了过来。缓过来之后,他并没有像其他被骗的人一样,去上海找那位几天前他很信任的老板。

因为从对方不接他的电话时起,张剑青就知道对方肯定是溜之大吉了。那些所谓房产,可能都是临时租赁过来的,是用来欺骗像他这样容易上当的年轻创业者的。现在,骗子都跑了,自己再去验证那些道具的真伪,又有什么用呢?

张剑青将那一屋子的保健品全部都当废品给处理了。短短几天后,张剑青已经不再痛苦了,他再次"满血复活"了。当然,当那一屋子的保健品被装进破袋子里，一袋一袋地被拖走时，张剑青的心里也是隐隐作痛的，因为每一袋都是他的血汗钱！

可是，这又有什么办法呢？

好在，他正年轻。年轻意味着还有时间，年轻意味着未来。只要还年轻，一切就都还有希望！

重新振作起来的张剑青并没有退缩，而是继续坚定自己的意志。他在心里不断重复一句话："我还能看见阳光，那未来就有希望。"

很快，张剑青又开始了新的创业计划。只不过这一次，他没有选择继续在保健品行业里打拼下去。2008年，经济危机爆发后，保健品行业也进入了发展的寒冬期。加之初次创业的失败，张剑青决定，换一片草原继续跃马驰骋。

张剑青所选择的新草原就是"新奇特"这个新崛起的产业。所谓"新奇特"产品，在百度百科上的解释如下："新奇特"属于一个新的名词，是在市场和消费者需求中催生出来的新名词。"新奇特"，以本身词义的角度来看，可以理解为：设计新锐，不同寻常，并超出一般的产品事物。

通俗点来说，"新奇特"产品就是我们所常见的一些像Hello Kitty（凯蒂猫）台灯、泰迪样式的双肩包等新鲜、奇妙而又特别的产品。当然，"新奇特"产品在国内还有一个很响亮，但并不准确的名字——义乌小商品。

看到"义乌小商品"这五个字，你也许会想，张剑青是不是要去摆地摊？恭喜你，你猜对了，不过遗憾的是，你只猜对了一半。张剑青是决定批发大量的"新奇特"产品去摆摊儿，但是他摆摊儿的地方不是在闹市中，而是在网络上。

张剑青在大学时，学的是计算机专业。虽然他只读到大二，但是他的计算机技术水平还是很不错的。在发现了"新奇特"产品的商机后，除了在淘宝上开一家店之外，张剑青马上又建了另外一个网站，然后利用百度推广开始迅速抢占市场。

很快，第一笔大单就砸了过来，国内某大型银行的三个省级分行找了上来，希望能够定制一大批礼品馈赠信用卡用户。

订单上门了，而且是银行这种优质客户，一般的老板肯定会非常高兴。但是张剑青在惊喜过后是满心忐忑，因为按照他当时的实力，是根本吃不下这个订单的。可是，到嘴的鸭子又怎么能白白放掉呢？

经过深思熟虑之后，张剑青终于找到了满意的答案。他给自己的进货方打电话，让对方接下这个订单，自己赚取中介费。有时候，将自己吃不进去的东西让给有能力的人，也是一种智慧。张剑青这次轻轻一转手，就让他赚到了一笔不菲的中介费，也让他尝到了做中介的甜头。

由于他选择产品的独到眼光，再加上出色的营销技巧，张剑青企业的订单量每天都在增长。看着那一张张飞来的订单，张剑青一下子盲目自信起来，犯下了很多创业者在创业初期都犯过的一个错误——盲目扩张店铺。

接着，除了在网络上销售之外，张剑青还在地铁沿线开了六家店面，除了进行连锁经营，还起了一个特别有金庸武侠意味的品牌名字——"九阳新奇特"（取自"九阳神功"）。

这样操作，使企业的经营成本一下子就增加了许多。再加上当时正值金融危机全球肆虐之际，实体店的经营压力非常大，尤其是招人极度困难。所以没过多久，张剑青就发现，订单增长量与日益增加的成本已经不成比例了。

当经营越来越困难的时候，张剑青发现他剩下的选择仅有一个了，那就是将门店一个接一个地盘出去。等到最后一个门店盘出去之后，张剑青发现他已经亏损一百余万元了。至于网络店铺，由于产品同质化严重，竞争异常激烈，最终他也只能将其转让出去。

这一次，张剑青又失败了……

成功真是熬出来的

这一次，遭遇创业失败的张剑青败得很惨。这么说，不是因为张剑青几乎将创业资金全部亏损光了，也不是因为张剑青失去了创业的激情与勇气，而是因为他从内心深处开始畏惧"创业"这两个字。

相比第一次保健品行业创业失败时，他所经历的短暂痛苦，第二次创业失败所带来的痛苦，则是非常沉重的！

沉重到了什么样的地步呢？

虽然张剑青一再告诉自己，失败不过就是从头再来，可是他的内心深处却像生出了一个泉眼一般，无时无刻不在往外泛着苦水。

在谈到这段创业经历时，张剑青说："那时大概是2009年，虽然很痛苦、很烦，但我没得选择，就开始休息，差不多休息了三个月。家里人都说我，你老老实实找个女朋友，结婚、生小孩。我就觉得更烦。之前我很瘦，不到120斤。在休息的三个月里，我学会了做饭，每天自己做饭吃，长到了140斤。"

在家里休息了一段时间后，心态慢慢好了一点的张剑青，决定再次走出家门，不是去继续自己的创业梦，而是去寻找一份工作。

如果将一名创业者视为一位将军，那么资金就是创业者的士兵。接连两次创业失败的张剑青已经全军覆没了，所以他已经没有东山再起的机会了。对于此时的张剑青来说，找到一份靠谱的好工作，远远比马上去创业要实际得多。

由于一想到保健品行业就厌倦，所以张剑青并没有回到他熟悉的老本行，而是去了一家金融投资公司，负责带领一支团队。然而，在新领域还没有干多久，张剑青就选择了退出。他给出的解释是："我感觉这儿有点不太靠谱。"

离开这家金融投资公司之后，一家教育集团找到了张剑青，请他去做市场总监。这一次，张剑青工作的时间相对上一个工作来说较长，但也仅仅只是干了半年。因为他心里的那堆关于创业的死灰又冒出了火花，再次复燃了！

2009年6月，广州的天气异常炎热。此时，张剑青心中再一次燃烧起了创业之火，他所散发出的热量比广州这个季节的天气更炽热。

在经历了前两次创业失败的经历后，第三次开始创业的张剑青比前两次稳重成熟了许多。

这一次，他选择了做人力资源。为什么会选择这个新行业呢？因为他在上一家公司里接触过这个业务，他发现自己非常适合这个行业。另外，凭着敏锐的商业嗅觉，张剑青发现，这个行业里一定有很不错的掘金机会。

说干就干，张剑青马上找到了自己的合伙人，并和那位同事合伙注册了一个劳务中介所。中介所一开始也只是帮助别人找份好工作。但是干着干着，张剑青就发现了新的商机，那就是帮助学生找工作。

2009年年底，张剑青与他的合伙人第一次接触了大学生的寒假工。他发现，原来老板们更喜欢那些兼职的学生。这些年轻人思维活跃，干事情有冲劲儿，而且更愿意学习，因此很受用人单位的欢迎。于是，张剑青的创业重点就放在了学生兼职这一块儿。

其实，对于创业者来说，只要找对了方向和发展节奏，那就好比武侠小说中高手突然打通了任督二脉一样，之前所有的困难和烦恼在一瞬间便会消失，眼前顿时豁然开朗。

决定企业发展方向后，张剑青马上招聘了一个助手，专门做数据记录,并注册了一家新公司。到了2010年年底,新公司已经赢利数十万元。

数十万元,对于张剑青而言,并不是一个很大的数字。但是这个数字对于在创业之路上一直跌跌撞撞的他来说,绝对具有里程碑式的意义。因为他终于尝到了创业的甜头,尽管味道不那么甘甜,却足以让他一泄心中的沉闷。

然而,对于创业伙伴们来说,往往是同甘苦易,同享福难!

在新公司刚刚做出一点业绩的时候,张剑青的那位创业伙伴却选择了与他分道扬镳。原因在于,这位创业伙伴要和他的妻子一起经营这家公司。

在得知创业伙伴要踢自己出局的消息之后,张剑青并没有表现得很愤怒,虽然心里非常不舒服,但最后还是几乎以白送的方式将自己的股份全部转让给了对方。

后来,有人说张剑青太傻,两个人都是同样的投入,为什么要将自己那50%的股份白送呢?张剑青的回答是:"我觉得很难堪。这种事情让我很无奈,心里也很不舒服。他这样做,更坚定了我要走的决心。"

双方分道扬镳之后,张剑青马上在2011年3月份独自注册了一家公司——广州招才通劳务派遣有限公司。新公司成立后,张剑青的眼睛又瞄上了劳务招商。当时,珠三角地带的企业对于人才的需求特别大,对于张剑青来说,这就是一个巨大的商机。

毫无疑问,张剑青就是一个非常善于把握机会的人。在发现了劳务招商这块业务之后,他的公司规模迅速地壮大起来。到了2011年年底时,他又开设了广州崇化分公司,公司的业务量开始飞速发展。在这一时期,张剑青还做了一个网站,叫作"兼兼职俱乐部",广东话的意思是"做做兼职"。

更为重要的是,此时的张剑青已经意识到要依靠品牌去吸引大客户,树立企业形象了。所以,他马上建立了广东招工网。在这个过程中,张剑青也开始将公司的主要发展方向设定在了劳务派遣上,其主要的服务项目有:多种劳务派遣,中端技术人才外包服务,季节性、临时性用工派遣,实习生安置,劳务外包,生产线外包,兼职项目外包,IT项目外包,职业信用管理,等等。

路走对了,事半功倍。找对路的张剑青更是一个懂得跟着时代步伐快速前进的创业者。当"互联网+"时代劲风吹遍神州大地的时候,张剑青又马上制作出了"劳务地图"。

用他的话来说:"劳务地图,我们是可以做的。因为我们企业本身覆盖的劳务数据就有一万多家,已经包括了珠三角,以及京、津等一线城市。这将会为求职者提供巨大的便利条件。"

2013年,张剑青创建了"人无忧打工网",同年8月,他又在广东连州成立了分公司。

2014年,张剑青先后在阳山、佛山、贺州、德庆等地成立了分公司。同年6月,公司成为广东省人才交流协会、广州市人力资源管理协会会员单位。8月,企业开始研发劳务通云端系统,并于11月投入运营。12月,广东招才通劳务派遣有限公司正式更名为"广东招才通信息科技有限公司"。

2015年，张剑青又将自己的目光投向了祖国的腹地，成立了广州招才通信息科技有限公司贵州分公司。

现如今，张剑青旗下的广州招才通信息科技有限公司已经成为一家极具实力的企业，并且进入了发展的快速裂变期。

这一切，对于当初那个退学的年轻人来讲，已经算得上一个不小的成就了，虽然用张剑青的话来说："成功真的是熬出来的"。不过，张剑青并不安于现状，因为他有更加远大的目标。除了诗和远方，他的未来还有梦，一个更为辉煌的人生梦！

相信，那一天，已不再遥远了……

专家点评

> 　　成功是熬出来的。历经一次次磨砺，如今，张剑青的劳务地图已容纳了大数据的收集、整理，并用独特的培训方法为用人单位输送了大批人才，解决用人单位的后顾之忧。
>
> 　　"你就是奇迹"全球创新创业大赛创始人　　王娟

9 刘力豪
我的绿茵梦，改变中国足球的气场

企业家小传

她叫刘力豪，认识她的人都亲切地叫她"LEO"。力豪这个名字是她自己取的，因为她喜欢中性且有爆发力的字眼。

这位前女足国脚身上汇聚了众多颇为有趣的故事，但她身上最大的闪光点在于，无论她身处何时、何地，都拥有为梦想付诸一切的勇气。

和其他退役队员不同，刘力豪在退役后便创立了KT（KickTempo）足球。出于对足球的热爱，她将KT足球当作自己生命的一部分，并竭尽全力的完善与推广这一项目。

80后的思维，80后的新玩儿法，让KT足球打破了传统足球的诸多限制，吸引了一批足球爱好者的眼光。

你就是奇迹
YOU ARE A MIRACLE

刘力豪，KT足球创始人。

一身个性的装束，一副黑框眼镜，张扬的短发，配上偏瘦的身形，高挑的个头，让很多初次见到刘力豪的人，都被她的气场深深地吸引了。

这个长相颇为帅气的女孩，举手投足总会无意间散发着帅性、利落和潇洒，言辞交谈间也向外人透露出她爽朗、大方和坚强的性格。

在别人眼中，刘力豪更像是一位时尚的90后，眼中带着年轻人特有的单纯和倔强，还带着一点生人勿进的冷酷感。然而，出生于1987年的她已离家在外，独自一人打拼了十多年。

她曾是前国家队的女足运动员，如今俨然成为一名小有成就的女企业家。

少年个性不羁,挥洒壮志豪情

与众不同,独辟蹊径

刘力豪从小就是同龄人里最特别的一个。她很机灵,很讨人喜欢。但她和同龄的女孩子不同,她不喜欢跟大家一起跳皮筋、捉迷藏,反而像个淘小子一样,喜欢打架、捉弄人、到处去疯跑。

少年初长成,她开始变得有些内向。除去和伙伴们戏耍玩闹外,也多了一项新爱好——看书。爱上读书的原因还要从刘力豪的骨折事件说起。

有一次,刘力豪踢球导致锁骨骨折。俗话说,伤筋动骨一百天。在家闲来无事,她就去书店把市面上能买到的励志书,全部买回家看了个遍,还兴致勃勃地按照书上的方法,列出了自己的人生理想。14岁的刘力豪志向可不小,理想清单一下子就列到了30岁。

由此可见,刘力豪从小就是个很有想法的孩子。事实上,她身上有很多创新思维,在很多方面,她都表现得与寻常女孩不同。普通女孩子大多喜欢编手链、织围巾,可刘力豪却对电脑产生了浓厚的兴趣。

刘力豪说:"我印象中,第一台电脑是妈妈买给我的一款国产笔记本电脑。平时不出去玩儿的时候,我都会窝在家里研究电脑,尤其是对电脑故障方面的问题特别感兴趣。我经常一门心思钻在里面,不研究出解决办法决不罢手。"

其实，刘力豪对电脑的兴趣还不止于此。她从小便开始订阅《电脑爱好者》和《科技新时代》等杂志，不断强化自己的专业能力。直到后来进入女足国家队的时候，大家都笑着夸奖刘力豪，说她是"女足圈里电脑修得最好的"，也是"电脑圈里足球踢得最好的"。

那时，只要队友电脑一出问题，大家都会习惯性地找刘力豪解决，而为人仗义的刘力豪总是像女侠一样，竭尽全力地帮助大家。

或许是自小的经历，造就了刘力豪独特的性格，让她非但不像个柔弱的女孩子，反而像个重情重义的男子汉。在朋友圈里，大家都亲切地称呼她为"好哥们"。

仗义热情，巾帼英雄救"美"记

刘力豪从小就是个刘大胆，六七岁的时候就敢一个人坐七八个小时的长途客车去烟台爷爷家，十几岁以后，更是经常独自一人穿梭各地。

正是这种豪气的性格，见证了一件女英雄救"美"记。

这个故事源于刘力豪去成都的火车上。当时，坐在下铺的刘力豪发现，住在她上铺的小男孩看起来比自己还小。

虽然刘力豪一向独自走南闯北，但她心里明白，自己是个特例。因为从小独立，父母也很相信自己。但对于大多数父母来说，都不太放心自己的孩子在这个年纪到处跑。

于是刘力豪开始主动与小男孩搭话："喂，你是一个人出门吗？"

小男孩瞟了她一眼，说："你不也一个人吗？"

刘力豪不泄气地继续问道："你今年多大了？"

小男孩闷闷地说："我15了。"

就这样，两个人一点点搭话，刘力豪这才得知，这个小男孩竟然是离家出走，准备去见网友。小男孩话里话外透着些偏激，他跟刘力豪讲，自己就是死在外面也不要回家。

刘力豪这个人特别心软，见小男孩一脸叛逆的样子，就觉得不太放心，便把自己妈妈的电话告诉了小男孩，让他有什么意外打这个电话。

自以为做了一件大好事的刘力豪心情颇为不错，没想到，回到家后，事情却变了样。

原来，这个小男孩真的和刘力豪的妈妈联系了，但刘妈妈觉得这个男孩子眼光不纯正，有点不良少年的感觉，便给了他30块钱让他打车回家。刘力豪为这事儿跟妈妈大吵了一架，还闹了好长时间的别扭。她不相信妈妈说的，反而埋怨妈妈太没有同情心。

小孩儿的心思总是相对纯净的，看人总会看最好的一面，也不会去深究过多的东西，而成年人则往往会心思缜密一些。这件事，其实并不是谁的过错，只是刘力豪和妈妈为人处世的观点不同而已。

但后来发生的一些事情，让刘力豪意识到，妈妈做的是对的。原来刘力豪在生妈妈气之后，一直同小男孩保持联系，她是抱着帮助别人的心思，却没想到小男孩竟然非常依赖她，甚至疯狂地打公安局的电话查找刘力豪的联系方式,又打遍整个俱乐部的电话找刘力豪,甚至还到刘力豪训练的场地外找她……

这些疯狂的行为震惊了整个俱乐部,刘力豪的教练担心小男孩一时冲动做出什么不好的事情,就连夜让刘力豪的爸爸开车把刘力豪接回家,躲一段时间。

这件事给一贯行侠仗义的刘力豪敲了一个警钟,刘妈妈也特意叮嘱刘力豪,喜欢帮助别人是非常好的,但如果在你自己能力还不够强大的时候,结果可能是非但帮不了别人,还会影响到自己。

这件事给刘力豪的触动非常大,她意识到自己要变得更强大,才能保护更多的人。英雄救美是自古传今的佳话,可自己这个英雄显然有点不够格!

心怀理想,女足国脚展风采

霸气转型,投身足球事业

十几岁的刘力豪迷过泡吧、打架,那时候精力旺盛的她几乎整天都不着家。后来,她喜欢上了足球。这项运动不仅能释放她青春期过盛的精力,而是那种比赛的竞争感、训练时身体突破极限的快感,都让刘力豪深深着迷。她觉得自己找到了一份自己真正喜爱的事业。

刘力豪是个有主见的人，自己决定了的事情，不管怎样也会坚持到底。父母拗不过刘力豪，只好把她送到足球队。

初进青岛女队的刘力豪正处于青春期。这时的她不像小时候一样成群结队地招呼小伙伴，反而特立独行。刘力豪平时喜欢穿中性的衣服，她一扬起嘴角，就给人一种冷冷的、酷酷的感觉。

但球队里都是十几岁的热血青年，几个年轻人一起踢过球，一起训练过之后，就都慢慢熟络起来，刘力豪也融入了团队之中，逐渐形成了如今开朗、外向的性格。

百折不挠，强化专业技能

人们常说，你的每一段经历都是下一段经历的财富。对于刘力豪来说，正是这样。多年的训练生涯让她对时间有了更清晰的认识。

在球队的时候，别人大多按部就班地完成自己的任务，中午去睡觉。刘力豪却早早起来回想昨天有什么做错的动作，上午抓紧时间训练。中午她也不午睡，在健身房坚持练习。那时，刘力豪的这股拼劲感染了队伍中的每个人，以至于队友们给她起了个"狼"的外号。

在球队中，由于没有过多的时间来接触文化课，所以，刘力豪更加喜爱看书。刘力豪曾经打趣地说，估计很难找到比自己还爱读书的职业运动员了吧！刘力豪对于读书简直是痴迷，少年的时候喜欢看漫画，十几岁的时候喜欢励志书，长大后兴趣更加广泛，励志、心理、历史……

几乎没有她不喜欢看的书。

以至于有时她比赛打得不好,教练就会打趣地说:"刘力豪,肯定又是因为你看书看太多了吧!"

其实,刘力豪在看书过程中,还有一段小插曲。当时,刘力豪在练球之余,还研究了几本股票书,最后通过实际操作,竟然在股市上小赚一笔。这让刘力豪顿时信心满满。

傲人成绩,潇洒掷万金

作为女足队员,刘力豪的成绩是辉煌闪耀的。她曾代表国少队站在世界冠军的领奖台上,领取第18届世界中学生冠军奖杯;也曾代表国青队站在世界亚军领奖台上,领取世青赛亚军奖杯。

对于足球运动员而言,他们平时只是拿基本工资,可如果比赛获了奖,奖金还是很可观的。有一次,刘力豪在联赛中获了奖,拿到了六万元奖金,这在当时可不是一笔小数目。

可她花钱一向大手大脚,为人又有些大大咧咧,跟队友出去从来都是抢着埋单的那种,再加上她喜欢买些新潮的衣物,这笔第一桶金在不知不觉中就花光了。

当时,刘力豪有一个队友,那个女孩的名字刘力豪已经记不清了,只记得她曾好心地劝说刘力豪,要把奖金攒起来,不要轻易挥霍。刘力豪虽然很感激女孩的好心,但她天性豁达,尤其是在金钱上,从来都不在意，因此也就没有什么后悔的想法，她觉得为自己的年轻埋单是件幸福的事。

创业之路，苦乐参半

当退则退，彰显魄力

刘力豪的经历向人们展示出，她是个很有魄力的人。她身上的那股拼搏的劲头足以让人相信，只要是她想做的事情，就没有做不成的。在2009年全运会后，刘力豪决定退役，一些熟悉的朋友都觉得有些意外，因为他们清楚刘力豪有多么热爱足球。

但对刘力豪来说，作出这个决定并不意外。敏锐的天性让她意识到女足这几年在走下坡路，社会各界对女足的关注及投入远远不及男足。

在商业嗅觉方面，刘力豪与她最喜欢的动物狼颇有共通之处。她虽然喜欢单打独斗，但也意识到在社会大浪潮背景下，个人的力量是渺小的，她要想办法发挥自己的力量做事情。

而且，刘力豪认为，早退役总比晚退役好，在22岁的时候退役去创业，就算没成功，年轻也是最大的资本，这足以让她不惧怕任何失败。而如果等到二十七八岁再退役，压力更大不说，退路也会更少。

刘力豪是个说做就做的人，当即就向足球队领导请示。大家虽然都觉得可惜，但也祝福她能在退役后走得更好、更顺。

很多运动员在退役后过得并不好，因此很多人都惧怕未知的生活，退役时间能拖就拖，可刘力豪丝毫不害怕未知的未来。相反，她喜欢的恰恰就是这种一切都有可能的不确定性。在她二十几年的生命里，不管是顽皮的孩童时期，还是叛逆的青春期，或者是成熟后的青年期，她都不是一个渴望安稳的人，她渴望的是未知的可能性。

能够在人生重要的转折点上，果断放弃最初的执念是需要莫大勇气的。只有思维足够成熟、意志足够坚定、目标足够明确的人，才能做到。而能够做到这一点，似乎也预示着刘力豪的未来将会与众不同。

多番创业，历经波折仍不馁

刘力豪说，自己的人生中有两大梦想：一，成为专业足球运动员；二，成为一名有社会责任感的企业家。现在，第一个梦想已经实现，而她即将踏上实现第二个梦想的旅程。

然而，踏上梦想之路的迷茫，很多企业家都曾经遇到过。究竟应该从事哪一类行业，什么才是自己最擅长的、最感兴趣的，应该如何投资项目，如何管理企业，等等，这些问题同样也困扰着刘力豪。

当时的刘力豪，抱着一种狼性的精神，一眼便看中了当时火热的餐饮市场，用积攒下来的十万块钱，再加上父亲的一点资助，迅速地开起了一家冰淇淋专卖店。

然而，第一次创业的经历并不顺利。当时的刘力豪跟一个初出茅庐的大学生没什么两样。虽然天生的商业触觉让她找到了一处不错的地理位置，但她忘了考虑毛利率。高昂的租金导致店铺利润不佳，最后她只能将店铺转让给他人。

对很多生意人来说，如果第一次创业就经历这种失败，可能之后就会安安稳稳地找一份正式工作，再也不想创业的事情了。可刘力豪就偏不信这个邪，她又尝试了其他创业机会。

没过多长时间，一直对网络比较感兴趣的刘力豪，便选择了她的第二个项目——团购网站。她将之前积累的产品资源，在网站上售卖。可经过一段时间的尝试，她发觉自己正在从事的，并不是她真正喜欢，并且愿意用余生为之奋斗的事业。

几次创业折腾下来，刘力豪并没有赚到什么钱。虽然她仍对自己充满信心，但觉得可以适当停下脚步，回顾总结一下这段经历。

越是历经坎坷，越能激发刘力豪的斗志。她不断地学习、思考，试图寻求适合自己的创业之路。她开始用商业课程里面的方法，思考什么是自己喜欢的，同时又是专业的。

顺从内心，寻找真正喜爱的事业

2006年，刘力豪报名参加了实践家林伟贤老师的课程。从那以后，刘力豪一直跟林伟贤老师保持联系，林伟贤老师的很多观点都对她的人生选择产生了很大启发。

因为刘力豪的爸爸脾气不好，在刘力豪小时候，刘父长期在外做生意，父女相处时间比较短，加上刘力豪从小又是个嘴硬不服软的孩子，小时候自然挨了不少打。但在遇到林伟贤老师后，刘力豪发自内心地觉得"我心中的父亲应该就是这个样子"，她把林老师当作父亲一般尊重。

在林伟贤老师的 Money & You 课程上，刘力豪才真正地发现自己的优势与爱好。刘力豪在心底思索，自己人生的两大梦想就是做足球运动员和企业家，那为什么不能成为一个从事足球行业的企业家呢？为什么以前的创业要从陌生的行业入手，而不是从自己熟悉的足球入手呢？

想通了的刘力豪觉得自己绕了一个大圈。幸好，现在发现还来得及，可以整装待发，重新起跑。

KT 足球，梦想与爱好相结合

虽然刘力豪已离开了赛场，但她一直持续关注中国足球事业的发展。刘力豪觉得，自己与足球的缘分会一直持续下去，所以，她一直想着做点儿什么事。

一次偶然的机会，在学习街舞课程时，街舞老师得知刘力豪从前是足球运动员，就问她知不知道街头足球，还要为刘力豪引荐国内一位著名的街头足球选手。

当时，作为职业球员的刘力豪并不了解街头足球。当天晚上，她便上网查询了相关资料。刘力豪发现，这种街头足球在欧美和巴西非常流行，而且很多国际球星小时候也都是踢街头足球出来的。

在国外，足球是一个在大街小巷都特别普及的运动，基本上每一个学校都有自己的足球场。在那一瞬间，刘力豪激动难耐，她觉得自己这次真的发现了一个商机！一个值得长久做下去的事业！更幸运的是，这个事业还能让她把两大人生理想完美融合！

在那一刻，刘力豪真的很感激上天，给她这样一个机会。

刘力豪天生的商业敏感度又发挥了作用。她想到了国内的足球发展现状。在国内，因为人口众多、资源紧张，中小学校，尤其是市区的学校，往往占地面积并不大。再加上以前国内对足球教育的认识不够，大部分学校都不会想到专门建一个足球场给学生们训练用，因为那样毕竟成本太大了。

多年的足球运动员生涯，使刘力豪意识到中国足球的弊端所在。场地有限、没有群众基础、基本功不扎实等问题的存在，让足球在中国不亲民，让中国孩子没有从小学习足球的氛围。

刘力豪敏锐地意识到，如果把街头足球这种模式引进国内，一定可以解决足球训练场地缺乏的问题，能够让更多的孩子和年轻人在室内、室外任何场合踢足球，让足球真正成为一个想玩就玩的运动。

满怀信心和激情，刘力豪第一时间找开发团队创建KT足球，她的绿茵梦又将再一次起航。这一次，刘力豪深刻地意识到，或许自己这辈子都离不开足球了。

独创 KT 模式，传递新型足球理念

在这个崇尚个性的时代，年轻人需要走在时尚潮流的前端，掌控自己的娱乐方式，寻求激情与活力。街舞、音乐、游戏、创意、竞技、自由……这些令人血脉偾张的词汇，足以激发青少年的兴趣和斗志。而 KT 足球就完全容纳了这些元素，符合这种潮流。

KT 足球，全称 Kick Tempo，是一款拥有全球发明专利的产品。现在，KT 足球已覆盖全球 53 个国家，并在 2015 年被政府授予"现代蹴鞠运动"称号。

KT 足球的常规场地只有 15～123 平方米，是一种便携式充气足球场。它完全避免了传统足球场占地面积大、投资大、使用效率低、维护成本高等诸多负面因素，使足球变成一种街头文化式的时尚潮流运动。玩家们采用一对一、二对二或者三对三的比赛形式，在短短的 3～6 分钟内决出胜负。

几乎所有喜欢 KT 足球的玩家都难以抵挡它带来的"炫酷"体验，它就像一种生活风格，包含独特个性的比赛服、耀眼的装备、代表自己风格的 Hip Hop，以及在强劲的音乐声中展开的酣畅淋漓的对抗。你可以尽情地展示自己的技术，与四周的观众近距离互动。每一位参与者都可以像明星一样，游刃有余地利用这片"舞台"。

值得一提的是，KT 足球并非仅仅是户外休闲运动的革命，它还可

以是一款线上游戏，或者叫作一款真实的网络游戏。

每一位初次参赛者都能得到一个专属的二维码，通过二维码可以在线上保留自己的所有信息及参赛成绩。整个系统会按照玩家的成绩分为0～7级，玩家只有通过不断地比赛，获得自己的战斗力积分，不断积累，最终才能逐步升级。

在比赛场地方面，KT足球的比赛场所并没有限制。在世界各地，凡是有KT足球的地方，玩家的比赛都可以被有效记录，包括对战资料、成绩、比赛视频等重要资料，都会被收入数据库中。

赛后，玩家可以随时通过相关的社交互动功能，同好朋友们分享自己的比赛，还可以参与竞猜、约战等功能，与其他玩家互动交流。

在不断创新中，KT足球将马上推出在线足球漫画培训。吸引青少年进入足球活动中，让他们喜欢上足球，这正是刘力豪要做的事情。

在KT足球，你再也不用因为找不到场地，或者无力支付昂贵的场地租用费而发愁，也无须因为找不到人数足够多的队友和对手担心。随时随地，只需要六分钟的充气时间和一位朋友，KT足球场地就能满足你的运动需求。

倘若，越来越多的青少年加入KT足球的比赛，他们的青春将不再缺少运动带来的精彩。一点点打磨基础技术，也将使他们成为中国足球未来发展的牢固根基。

一个有社会责任感的企业家，并不会盲目追求利益的最大化。年轻的刘力豪，有梦想，有抱负，有对中国足球发展的期望。在她看来，KT

足球的诞生与发展并不是基于创业者对利润的追求，而是承载着一代又一代中国人对足球的梦想。

生死存亡之际，总有贵人相助

虽然 KT 足球有了完整的运作模式，但在创业伊始，团队仍然面临各种各样的问题。品牌、产品、市场、宣传、资金、管理、运营等，刘力豪几乎每天都是在不停地解决问题之中度过的。

当时，整个团队的核心成员有四五个人，租来的房子既是办公室，也是住处。刘力豪自己设计，将房子装修成年轻人喜欢的模样。墙面上的各式涂鸦，营造了一种轻松、活泼的氛围。年轻人们聚在一起，做自己想做的事，工作也变得快乐起来。

公司的几个人时常在埋头苦干之后，一起出门去吃大排档。廉价的食物同样可以带来味蕾的满足，大家十分享受整个过程，既不需要向别人证明自己的地位，也不需要炫耀自己的价值。

刘力豪从不在乎别人所说的，你一定要做到怎么样，才能证明自己很牛。她一直认为，一个人会向外展示和追求的，一定是他内在匮乏的。

所以，她比同龄人更加沉静。她犹如一匹孤傲的狼，不喜四处炫耀，却带着忠诚的团队一次次攻克创业过程中遇到的大小困难，体会着妙不可言的趣味，并深深为之着迷。

刘力豪和她的团队成员们并不匮乏，不管是物质方面，还是精神方面。当前,正值足球行业全面改革的时机,政府重视改善足球发展的环境和氛围,而 KT 足球项目刚好契合了这一点。当然,这也并不意味着刘力豪的创业之路是一帆风顺的。

有人说,成功者都是偏执狂。励志方面的书籍总是鼓励人们,要去做一些你想做,但是又不敢尝试的事情。

曾经,刘力豪偷偷学习心仪已久的街舞。她害怕自己动作不协调,被别人嘲笑,只能凌晨四点半爬起来,找到一个有镜子的公共卫生间,对着镜子练习。当她终于可以跳得比较像样的时候,才真正体会到坚持后获得成功的喜悦。

这段经历对刘力豪来说是一次自我的突破,使她更有信心面对未知的路。但种种打击还是如约而至,让她品尝到苦难的滋味。

最初的创业团队中,一位出生于 1993 年的男孩是刘力豪比较欣赏的成员之一。早在 KT 足球创立之前,两人就一起共事,之后又一起到上海创业。一年多之后,男孩突然说要离职。这令刘力豪感到措手不及。

这是她的团队第一次有人离职,她试着与男孩沟通过几次,但效果都不理想。按照男孩的想法,KT 足球并没有为他带来预期的收益和回报,他不想再坚持了。最终,刘力豪尊重男孩的选择,平静地接受了这一事实。

人各有志,刘力豪不想勉强别人与自己的想法和步调一致。团队选择合适的成员,成员同样也得选择适合自己的团队。在双向选择的过程中,分分合合总是难免的。所以,即使男孩的离开对刘力豪有着深远的影响，她也很快调整自己，勇敢面对接下来的路。

而要说创业路上最困难的，就是公司面临生死存亡的关键时期。有好几次，公司账面上的余额都只够发下个月的工资。刘力豪身上背负的压力可想而知，但她从未退缩。

说来也巧，几乎每次遇到这样的情况，都会有客户跳出来帮忙"埋单"，主动送业务上门。刘力豪称他们是自己的贵人，有贵人帮忙，无疑是创业者最大的幸运。

究其原因，刘力豪认为，或许正是平日里团队在与客户的沟通过程中，始终坚持"以诚相待"的缘故。刘力豪说："不管我们遇到怎样的困难，都不会试图在客户的身上去找平衡，这是我们团队的原则。我们珍惜每一个客户，不管他们能为公司带来多少利润，我们都会提供最优质的服务，永远坚持做到的比承诺的多一点。"

贵人不会凭空出现，作为创始人，刘力豪和她的团队彼此影响，形成了严谨、诚恳的企业文化与做事方式，也由此得到越来越多的认同和帮助。这无疑为KT足球的生存与发展带来了更多的希望。

很多企业家在谈及创业经历时，都会提起在深夜中痛哭或者当初有多么难熬，而刘力豪总是爽朗地笑，似乎让人觉得她在创业路上一帆风顺，很少有人能从她轻松的笑容背后看到她隐藏着的艰辛。

其实，刘力豪并不觉得创业中遇到的困难是真正的困难。她把这当成一场游戏，一场带着兄弟姐妹们去攻坚的战争，而在此过程中遇到的一切障碍，在她眼里，都是不值一提的。

她怀念的永远只有那段创业初期，一帮年轻人在忙碌了一整天后，到附近的小店吃着烧烤、麻辣烫，喝着啤酒，在凉爽的晚风之中，互相吹着牛，幻想着明天是什么样子。

把握行业优势，创新经营理念

对于刘力豪来说，她已经在足球行业摸爬滚打多年，她深知，在国外，足球是大众化运动，多年来始终得到追捧，其商业化程度很高，在国内亦是如此。

很多知名企业家投资足球行业。他们花很多钱建立足球学校，或者购买球队。但他们并非真的热爱足球，投资只是纯粹的商业行为，对足球运动的普及和足球水平的提高没有太大的作用。

而刘力豪创立的KT足球则完全不同。这一项目，注重足球在基础层面的推广，并逐渐培养越来越多的足球爱好者，希望越来越多的青少年能够爱上足球运动。

但要想切实做到这一点，刘力豪就不能不考虑足球行业的优势，从而打造灵活的经营模式。只有这样，企业才得以立足和发展，梦想才能够实现。

刘力豪了解到，目前国内的体育产业只占整个国内生产总值的0.4%。但在美国，这个比重要占到4%至6%。接下来，政府会推出鼓励性的政策，来支持体育产业的发展。

而 KT 足球在行业内的优势还是比较明显的，比如更小的场地和人数限制；自由发挥和想象的空间；鲜明的个人风格和技术；更少地依赖先天体质和运气，给更多人成为球星的机会；等等。

这些条件，幻化成强烈的诱惑力，吸引着越来越多年轻人的眼球。而在竞技规则方面，KT 足球也进行了全面考虑，既能满足玩家从游戏中获得乐趣的要求，又能通过一些限制条件，培养玩家的技术和能力，与大场足球形成互补。

此外，KT 足球又可以作为一个新媒体平台，根据客户的需求做植入性的新闻广告。不管何时何地，它都能灵活地为客户进行宣传推广。

目前，通过自有的 APP 平台，KT 足球已经在亚洲的 28 个城市建立了连锁加盟点。而在国内的一线城市，他们则选择直营的方式。所有的数据、玩家的信息都可以通过 KT 足球官方 APP 进行远程联动。企业利润一方面来自玩家付费，另一方面来自企业与品牌商的合作。

玩家最初接触 KT 足球，可以拿到全球唯一专属的身份识别二维码，并且前三场比赛是免费的。之后，玩家想要继续参与游戏和比赛，提升自己的积分，就需要付费。

而品牌商则以合作办赛的方式来运营，通过活动的推广、广告的植入、会员的分成等各种形式，使双方形成合作共赢的局面。目前，刘力豪已经与耐克、奥迪、红牛等知名品牌商合作，均收到了良好的效果。

刘力豪解释说："KT足球可以为很多大型平台服务，我们可以在线上和线下同步植入各类品牌营销信息。因为KT足球是一项能聚集人气的运动。虽然我们并不是直接帮助品牌商推销或者售卖产品，但我们可以用最少的人力、物力，以及最少的成本，达到比较好的宣传效果和回报。"

在刘力豪看来，KT足球的前景是不可估量的。只要按照既定的目标走下去，未来它将会发挥出巨大的能量。

执着追梦，相信奇迹

设定目标，规划足球梦

与众多相同层级的企业家相比，刘力豪年轻、乐观、有活力，不仅懂得如何俘获青少年的"玩心"，又拥有远大的理想和抱负。毫无疑问，她是一位合格的创业者，也是一个性格鲜明的80后创业者。肩负KT足球的未来，她倍感压力，但也充满动力。

刘力豪为KT足球做了一个完整的规划图，她并不甘心将KT足球定位在昙花一现的新鲜事物层面，而是希望KT足球能够与更多的行业、企业进行融合。为此，早在产品开发之时，她就预留了许多接口和连接点，为未来异业合作提供了可能性。

而在当前，KT足球增加了很多的社交互动功能，包括比赛现场的蓝牙竞猜、玩家约战及定位足迹等。刘力豪帮她的合作伙伴们建立了完整的数据库系统，通过举办大赛，双方都可以收集足够多的信息。KT足球的会员，同时也是合作伙伴的会员，KT足球与合作伙伴定期进行利润分成。

一系列的基础业务，支撑着KT足球以强劲的姿态向前发展。企业发展到今天，也达到了刘力豪当初对自己及团队成员的基本要求。

"我更看重当下的这个过程。"她说，"因为我曾经听到过一句名言：意外和明天不知道哪一个先到来。如果你没有做好当下的工作，不可能谈以后。由此，我觉得，如果你有一个目标，但是在实现目标的过程中一直都不开心的话，那么很难保证你在最终实现目标的时候是开心的。而实现目标的过程，应该是你最为看重，同时令你印象最深刻的时段。"

然而，看重当下并不代表停滞不前。刘力豪从未停止对KT足球美好发展前景的追求。关于未来，她有更加明确的方向——教育与赛事。

结合自身的经历，刘力豪认为中国足球是缺乏"教育"的。投入资金的多少并不是真正的问题，物质的匮乏与否并不是决定中国足球能否得到更好发展的根本，而教育才是。

所以，刘力豪将KT足球定位在整个足球行业的根基处，希望用足球来提升青少年的素质教育。这也是她时常提及的"金字塔的底部"。

面向金字塔的底层，服务于青少年，才是她创办KT足球的目的。刘力豪和她的团队已经在积极与政府相关部门接洽，希望KT足球能够在全国两万所学校里开展起来。

每一个学校只需购买两件产品，就能节省一大笔构建球场的资金，而KT足球也能每天同时服务几百万人。学生们的课余时间，将不再枯燥无味。

在学生这一庞大的群体中，总会有那么一些具备优秀足球天赋的孩子，他们怀抱梦想，又能得到基本的技术训练。那么，或许有一天，他们当中的某些人可以成为新一代国家队的中流砥柱。

现在，KT足球已建立起了远程青少年选拔系统，可以用更低的成本实现更精确的选材效果，最终，从根本上解决培养优秀足球运动员的难题。

为梦想而活，中国足球的明天会更好

从与足球结缘的那一刻起，刘力豪的命运就注定与足球联系在了一起。

在做女足运动员时，她在恶劣的环境和条件中尝尽艰苦的滋味。当别人都在按部就班地训练、比赛、娱乐的时候，只有她在不断地丰富自己的头脑，不停地规划自己的未来。

整个青春的汗水都挥洒在绿茵场上，刘力豪从不后悔。她将自己最美好的年华奉献给了国家，奉献给了足球事业，她认为这是自己毕生的荣耀。即使退役，她仍然心系足球，从商业的角度寻求属于自己的另一片天地。

刘力豪认为创业要忠于自己内心的想法。在整个创业过程中，心里面会产生一些灵感和想法，这些才是至关重要的，而那些总在耳边浮响的"别人的想法"可以听听作为参考，但不可全部听取。在刘力豪看来，一个创业者如果连独立思考的能力都没有，就失去了创业的初衷。

刘力豪曾说，自己喜欢看漫画，最喜欢的故事是日本著名的热血漫画《海贼王》。故事中的男一号路飞是她欣赏的角色。

她觉得自己跟路飞很相像，对梦想的执着追求看似很傻，却能吸引一批实力极强的追随者。因此，纵然经历了很多坎坷与风雨，但刘力豪始终坚信自己的追梦之旅会充满欢乐，最后令她终生难忘。

这个并未受过太多传统教育的帅气女孩，秉持"每一个人都不是随随便便来到这个世界上"的观念，在短短二十几年的岁月里，不断尝试、不断寻找、不断奋斗、不断突破，不仅找到了自己的梦想，也找到了值得为之付出一生的事业。

她活得精彩、肆意，让人钦佩；她活得潇洒、自由，让人羡慕；她对梦想的执着有着极强的感染力，让人不禁想与之一起打拼。

相信刘力豪这个性格特别的女孩，一定会带着她钟爱的KT足球走向人生的更高点，实现她的"绿茵梦"！

专家点评

> KT足球是集青少年兴趣（个性）、运动（健身）、交流（活动）等方面于一体的新平台，是以互联网技术手段支撑社会化管理改革（协会、俱乐部）的有益尝试，是以比赛、活动为杠杆撬动校内校外青少年体育融合的有效途径。
>
> 国家体育总局群体司副司长 张栋

10 徐箴言
健康生态模式的传播者

企业家小传

徐箴言,山东烟台人,曾从事过工业企业管理、广告创意策划等多种职业。

54岁这一年,他放弃稳定的工作跑去务农,创办了一个生态创意农园——艾维永续创意农园,简称"艾维农园"。这个农园非常奇特,因为整个农园里除了涵盖鱼菜共生模式,还有气雾栽培模式,整个生态模式都达到了零排放、低耗能的标准。

凭着一腔热情,徐箴言不断扩大艾维农园的规模,还将在全国发展数家连锁农园,将自己摸索与积累的技术和商业模式推广到全国。

你就是奇迹
YOU ARE A MIRACLE

  这是一个已年过半百,却浑身充满干劲的创业者。他永远都会用自己的力量,向身边的人传递希望。他风趣、洒脱,或许正是这样的个性,才让他在创业的路上走得更加从容、自然。

  徐箴言的内心犹如一片宽广的土地,只要在心中播撒上种子,就一定会开出灿烂的花朵。他包容,坚持,从不喊痛,更不懂放弃。因为农园是徐箴言的兴趣所在,所以,他在这里做的一切事情,都会让他有一种悠然自得之感。

  别人的创业史或许是一部心酸和血泪筑成的奋斗史,但是在徐箴言的眼里,创业是一种快乐的体验。快乐并不意味着没有痛苦和失败,他之所以能欣然享受这个过程,是因为他用兴趣和爱好战胜了迎面袭来的种种困难。最终,他取得了成功。

创意农场，鱼菜共生模式

艾维农园中最突出的生态模式便是鱼菜共生模式。鱼菜共生的概念历史悠久，我国古代农民就曾在鱼塘表面用漂浮竹筏种植蔬菜。但现代化、集约式的鱼菜共生模式最早出现于30多年前的美国。

鱼菜共生模式就是模仿大自然中的生态循环，将饲料喂给鱼，鱼排出粪便，在异养菌的作用下转化成氨氮，这些混合着粪便的水被水泵抽到填满陶砾的蔬菜种植槽中，在亚硝化菌的分解下，形成了亚硝酸盐。

因为亚硝酸盐是有毒的，所以植物还不能吸收。而在硝化菌的分解作用下，亚硝酸盐就能转变成硝酸盐，这就形成了植物可吸收的营养成分。来自鱼池的废水经过种植槽过滤，变成清水后重新流回鱼池，如此循环往复。

当然，偶尔换水也是必要的，但是这种模式的总耗水量是极少的。从2014年2月至今，艾维农园的水池还没换过一次水。对于传统鱼池而言，水下的能见度最多20厘米，而艾维农园的鱼池是清澈见底的。

鱼菜共生模式的最大特点是"养鱼不换水，种菜不施肥"。在普通的鱼菜共生技术基础上，艾维农园还作出了一系列的创新，比如在系统中加入了一个独特环节——在陶砾种植槽中加入蚯蚓。蚯蚓吃掉鱼粪便，将其分解成更容易被植物吸收的养分，这样就避免了出现种植槽养分吸收不完全、水体发臭等问题。

艾维农园经过不断地创新，逐渐形成了自己独特的优势。

一，高效。多重收入，同时收获鱼和菜。根据保守的数字统计，一个一亩半的大棚一年能够收获一万斤鱼和五万斤菜，一年的收入能达到普通大棚年收入的五倍。

二，周期短。因为植物根系对氧气需求高，而陶砾定植能够充分供给氧气。所以，在土壤中生长期需60天的蔬菜，在鱼菜共生模式中，只需生长35天即可收获。

三，免休耕。当天收获后，第二天马上可以种上同一种菜的幼苗。

四，节能。养鱼池在大棚中，白天水池可以蓄积来自太阳光的能量，晚间释放出来。所以，鱼菜共生大棚中，白天比普通大棚凉爽，晚上又比普通大棚温暖，形成了一个微型的海洋性气候，节约大量加温大棚所需的能源。

五，资源再利用。传统养鱼池需要不断换水，避免富营养化，而鱼菜共生模式则能够充分利用原先是废弃物的鱼粪资源。

六，不需人工添加二氧化碳。传统大棚需要人为加入二氧化碳，比如通过燃烧煤炉等。而鱼菜共生模式中，鱼儿们24小时都在不间断地呼出二氧化碳，供给植物进行光合作用。

七，节水。在鱼菜共生模式中，所有的水都在一个闭环中运行，除了常规的蒸发或者叶子表面的蒸腾会消耗一部分水之外，剩下的水几乎没有消耗。与传统的有土栽培相比较，鱼菜共生模式耗费的水，只相当于有土模式的3%～5%，也就是可以节省90%以上的水。

八，安全。在种植植物过程中，不添加任何农药、化肥；在养鱼过程中，不使用任何抗生素。

九，节肥。在养鱼过程中，只给鱼加饵料就可以。鱼将饵料转化为粪便以后，就变成了菜的肥料，完全可以节省购买肥料的费用。

在不断的发展过程中，现在艾维农园连鱼饵料都省掉了，他们用一些烂菜叶或者垃圾去养黑水虻（一种特别的苍蝇）。它排出的蝇蛆含有44%的高蛋白，用它作为鱼的饵料，那么鱼排出来的粪便蛋白含量就会非常高，是非常好的肥料。用这种肥料种菜，菜长得也非常好。

十，节人工。传统农业属于劳动密集型产业，耕地、耙地、除草、施肥、浇水、喷药等都需要人力。

而在艾维农园这个全新的模式中，只要有一根导水的棒就可以了。这根水棒可以将鱼池这边的水打到种植槽里面，从而启动整个循环系统。人要做的事情就是把菜种上去，菜长好后收割即可，不需要耕地、浇水和施肥等；又因为植物中间不长草，也不用人工除草和喷药等。所以，这些环节的人力成本都可以省下来。

十一，远离疾病。鱼体表的黏液中含有二三十种杀菌物质，随着水流灌溉到种植槽中。这些来自鱼体表的杀菌物质能够防止蔬菜根部生病；同样，植物根部分泌的抗菌物质也能帮助鱼来抵御疾病。

生命在于折腾，想法决定活法

忠于自我，广告界的"老顽童"

徐箴言生活在一个基督教家庭，父母都受过西方教育，性情耿直。父母从小教育徐箴言要正直，讲正义，追逐真理，不能随波逐流；要善恶分明，不可为了利益而认同不公平的事情。

这种开明开放的家庭教育让徐箴言成长为一个正直的人。毕业分配之后，他在一家机械企业工作了17年，并且对广告行业产生了越来越浓厚的兴趣。在17年的工作生涯中，因为性格原因，徐箴言并没有变成一个随波逐流的人。他坚持要做自己，并且有足够的自信，相信自己能把自己感兴趣的事做好。

在这个没有论资排辈的特殊国有企业里，徐箴言还有幸被推荐去上大学，因为懂得摄影和美术知识，徐箴言选择了创意广告专业。在大学期间，徐箴言用二十多天时间写下了一篇论文，不仅得到老师的认可，还获了奖。

从那以后，徐箴言变得更加自信了，从前心底的那点自卑情绪也跟着慢慢消散了。"我可以成功！""我可以做到！"徐箴言这样说着。

1992年，国家放开了广告行业的政策限制，喜欢我行我素的徐箴言"顺势"下海。此时的徐箴言，就像鱼儿遇到了活水一般，可以按照自己的意志去做自己喜欢的广告创意工作了，这是一件多么鼓舞人心的事情啊！

离开了工作17年的单位后，徐箴言创办了山东省第一家私营广告公司——天马广告。"不被传统事物所束缚，那种想干吗就干吗"的感觉让徐箴言十分惬意。

在此后的20年里，徐箴言的人生便与天马广告捆绑在了一起。他从没有一单生意是骗人的，从没有坑过任何人一分钱，徐箴言凭借一种热爱自由的精神和耿直的性格，将天马广告的知名度一点点提升，徐箴言也因为拥有这样的生活而怡然自得。

徐箴言这种耿直的性格自然得罪了不少人，但也正是这样的坚持，让徐箴言赢得了老百姓的认可和赞誉，也让徐箴言成了一位名副其实的"老顽童"。

不愿意被外界事物束缚，不愿意自己的性格被左右，不愿意为五斗米折腰——这就是徐箴言，曾经广告界里的"老顽童"。

二次创业，坚守三大原则

2009年，徐箴言已经快到退休的年龄了。有一天，曾经一同商量退休安排的老友打来电话，想来拜访徐箴言。

在二人商定的时间，老友一见到徐箴言便迫不及待地打开了一堆幻灯片给他看，并且激动地说："这些与鱼菜共生相关的资料都是我从夏威夷带回来的。我女儿在夏威夷结婚，我就顺便参加了一个鱼菜共生的培训。"老友向徐箴言解释了鱼菜共生模式。

听老友这么一解释，徐箴言终于明白了，并且觉得这是一件神奇的事情。虽然不可思议，但它是真实存在的。因为徐箴言看到，图片里的芋头长得好大，蔬菜长得也很茂盛。徐箴言并不清楚这个技术会不会有钱赚，但是有两点他却能肯定。

第一，这是一个自己感兴趣的新领域，是新知识，自己有一种强烈的愿望想要了解它，并成功转化为实践。

第二，这是一件有意义的事情。中国的水资源已经处于紧缺的状态了，本来中国耕地的面积就只相当于全世界的三分之一，大量的城市化建设和经济发展占用了很多耕地，大量的污染毁坏了很多有效耕地。如果这一技术可以在中国得到推广，将会节省很多土地，污染也不会再持续下去。在一番考虑之后，两人一拍即合，决定创业。

在徐箴言的观念里，他认为，创业必须遵守三个"必须"。第一，必须有兴趣。只有感兴趣，才会乐此不疲。第二，必须有意义。没有意义的事情坚决不做。第三，必须有钱赚。既然做就要保证资金上有一个良性循环。有了这三个原则，徐箴言的艾维农园正式成立了。

忧心农业难题，颠覆传统生态模式

对于大多数人而言，到了徐箴言这个年纪，多半已经开始考虑退休了。即便仍在工作岗位上，他们也不再拼命思考如何努力创造价值了。工作了一辈子，他们早已赚够晚年的生活花销，还何必再折腾自由的生命时光呢？

在家养养花草和鱼，在菜园里种些绿色的青菜，在棋牌室和多年的牌友一起打麻将，或者在老年活动中心跳跳舞……这是如今大部分老年人的选择。他们都想舒适地享受天伦之乐。他们认为自己腿脚不灵便了，应该把生活重担交给年轻人，而且这个世界是年轻人的舞台，他们应该把梦想交给年轻人来实现。

可是徐箴言不同，他选择了养鱼种菜，打造新型的鱼菜共生生态模式。他用不懈地努力让自己走到了创业的"风口浪尖"。虽然现在的艾维农园已步入正轨，但刚起步时也是历尽了坎坷。

刚开始创业的时候，徐箴言和老友租了一亩地和一栋别墅，请来一位美国农场主，从中国农业大学聘请了两位毕业生，又借了一个实验室。

这些事情做起来十分艰辛。因为这个东西太新，没有任何可以参照的经验，老友也仅仅是在夏威夷去参加培训，把基本的原理和基本的路子弄清楚了，具体怎么操作，他们还要去摸索。再则，夏威夷的气候环境与中国不大相同，如何在中国成功实践仍是一大难题。

在尝试了半年以后，终于有鱼儿成活，菜也长了出来。然后，他们换了大一点的地方——大概20亩的农园，进一步实践。

最初，他们决定做这项事业时，以为投资十万元就够了，结果光租别墅和一亩地的租金一年就要五万多块。再加上聘用外国人和为学生发放工资，十万元钱一个月就花没了。

后来，他们把预算增加到了50万元。徐箴言并不知道做这个实验会耗费这么多的精力和成本。他们不断投入时间和金钱，不考虑赢利的事情，一直坚持做到了最后，也从中发现了一些诀窍。最后，总的算下来，农园总计投资六百多万元，远远超过预期。

实验失败后，他们重新研究，反复摸索，使用不同的方案，一次又一次地埋头苦干。

因为完全没有经验，他们犯过一系列低级错误，导致菜种不活、鱼大批死亡。但他们始终认为这件事情值得做，能让更多的人接受这门技术，帮助大家节水，节省人工，远比他们赚点钱更宝贵、更有意义。

或许正因为徐箴言坚信这项技术能够颠覆现代农业,加之对中国农业的担忧,使徐箴言不管遇到任何困难和挫折都挺过来了。当初,徐箴言放弃蓬勃发展的天马广告,走进一个自己完全不懂的领域,这让妻子十分不理解。妻子坚决反对徐箴言,还曾经采取一些行动来阻止徐箴言,但这些都没能动摇徐箴言的决心。

庆幸的是,徐箴言的儿子理解他。儿子不仅支持徐箴言,还经常到农场帮忙,试着帮助父亲找到一个成功的办法。可是半年过去了,儿子的努力并没有任何效果。最后,儿子放弃了,去改行做了自己最喜欢的网络行业。

虽然儿子离开农园了,但徐箴言没有放弃他一直坚守的农业"奇迹"。他有兴趣,有责任,也有使命做出一些不一样的尝试。就算不成功,他也能让人们看到中国农业的另一种希望,并用自己的力量来改变中国农业的现状。

正是出于这样一种情怀,徐箴言不言苦、不放弃,而是用最平常的心态去面对一切。

他成功过,所以他不在乎失败;他荣耀过,所以他不在乎物质;他得到过,所以他不在乎失去。对于徐箴言而言,只要能够自由自在地在这片土地上欢乐地生活下去,就足够了;作为中国的一分子,如果可以为中国农业的可持续发展贡献一点点微薄的力量,就足够了。

现在，徐箴言仍在"颠覆传统农业"这一理想之路上孜孜不倦地行走。徐箴言正在努力打造一个可以复制的新模式，这样就可以吸引更多人投身农业，让传统行业焕发活力。

如今，国家提倡可持续发展，但可持续农业的发展前景依然不尽人意，喷洒农药，依赖肥料……这样的农业何时才能找到出口？徐箴言急切地想把这样一种改革的声音告诉中国农业，告诉现代农民。

所以，徐箴言把这件事情做得专注且严谨，每一个环节都要亲力亲为。这或许是他生命中的最后一件大事，他不敢马虎，也不敢有丝毫的懈怠。

忧心农业发展，探索创造奇迹

追求心灵的自由安逸与渴望成功并不矛盾。

徐箴言在农园里生活，研究蔬果鸡鸭，拍摄小动物的成长状况，感受小鱼的成长体温，这些自由的生活让徐箴言觉得富足。这是他所追求的东西，他热爱这样广阔的天空，热爱这片可以飞来飞去的田野，也热爱这份自由而甜美的空气。

他心底里我行我素的成分和耿直的性格得到了真正的发挥，这正是让他开心和骄傲的事情。他的农园秉承"天人合一"的理念，而这正是他最喜爱的养老安排。在现代喧嚣的社会，农园的宁静给了他心灵的静谧感。

拨开层层迷雾，艾维生态新模式

经过三四年的时间，艾维农园发展得越来越顺利，但规模并没有扩大，仍然不到20亩。虽然规模小，但艾维农园却进行多样化的种养结合。

艾维农园一直充分利用每个生产环节的产出，比如利用饲养黑猪产生的粪便制作堆肥，用发酵后的堆肥养殖蚯蚓，将蚯蚓粪便制成蚓茶作营养液。此外，蚯蚓本身可作为鱼饵、鸡饲料，鱼粪可以作为蔬果的养分，多余的蔬果既可以喂鱼、喂鸡，也可以制作酵素。这些要素环环相扣，大大减少了农场废弃物的排放和资源的浪费。

风投公司纷纷给艾维农园估出多则三个亿、少则六千万的市值，徐箴言和他的同事们终于享受到了丰收的果实。

艾维农园的管理模式也很特殊。徐箴言通过一种无为而治的方式制定了"没有规定"的管理法则。艾维农园既没有准确的上班时间，也没有规定下班时间，更没有特定的职级和工作职责。大家都可以用一半时间做自己想做的事情，另一半的时间从事农园的工作。

在艾维农园的12个人中，只有四个人算是正式员工，一个是徐箴言，一个是从天马广告跟过来的老同事、自己的老友，还有一对是东北来的夫妇。这对夫妇中，女人负责做饭，喂养猪、羊、鸭等；男人负责开车。其余的八个人都是长期的义工，大家愿意到这里来劳作，不求任何回报。

艾维农园越来越成熟，所扩展的领域包括种植、餐饮、休闲、旅游、观光等。艾维农园的收入也包括了蔬菜及副食品销售（CSA）收入、家家种菜销售、服务费收入、生态餐厅（餐饮）收入、生态乐园收入、酵素销售收入、参观门票（休闲、观光）收入、药用植物（订单种植加工）收入、各种培训收入等。

如今，艾维农园通过办理CSA（加拿大标准协会）会员，服务了烟台的50个家庭。每个家庭提前一年把费用交给农园，每个家庭缴纳5000～10000元钱。之后，农园每个星期都会给每户家庭送去蔬菜和副食品，包含猪肉、鸡蛋、花生油、面粉等。每次送货都会在每个家庭的总预算中减掉一定的金额，直到把缴纳的费用用完为止。

食材的价格相对超市的贵一些，但是因为它们是有机无污染的，所以各个家庭使用反馈都特别好。

未来，徐箴言和他的同事们计划开设1100家加盟连锁生态农园，然后长期为加盟商提供技术、平台和品牌的支持。

徐箴言希望企业可以在一些中心城市做研发、培训和推广工作，然后向外辐射，艾维农园以技术入股，加盟城市出地、出钱，生产供应让市民放心的蔬菜和肉质食品，合作共赢。

徐箴言做农园的初衷就是想让中国甚至世界的农业现状发生一些良性改变。如果艾维农园的一些做法，未来能被广泛推广和采用，人们就可以节省很多的水、很多的土地、很多的人工、很多的肥料。这就是改变，这就是颠覆，这就是他所要坚持的意义。

中国是农业大国，现如今环境污染和水资源紧缺已经是人们急需解决的问题了，而健康的农产品供应也越来越紧缺。人们越来越注重自己的身体健康，无污染食品亟须供应到每个消费者的餐桌上。徐箴言希望中国不再只是传统农业的主宰国，而是成为世界上最大的现代农业大国。未来的中国要走生态高效的道路，必须要通过这样的生态循环才能实现。

艾维农园的模式慢慢成熟起来了，这也使徐箴言愈发忙碌。越来越多的人来请教艾维农园的生存、管理以及循环模式，徐箴言的电话经常接到没电。

越来越多的有志之士来到农园进行实地考察，这让徐箴言更加兴奋。他相信，未来千千万万个艾维农园会建立起来，遍布中国的各个角落。

艾维农园的成功给中国的现代农业指出了一条光明的道路，这种田园式的生态农场势必在未来的日子里得到更多的学习和效仿。

艾维农园曾经被外界怀疑过，但最终它以自己完美的生态循环模式被所有实地参观者看好。

就像徐箴言第一年开始经营艾维农园的时候，鱼菜共生系统刚刚建起来，中国农业大学的教授到农庄参观，觉得鱼的肥料肯定不够蔬菜生长所需要的营养，这样做不科学。可是一年过后，他再来看的时候，发现蔬菜都长得很好，便肯定了这一生态循环系统。

虽然未来徐箴言会头发花白，腿脚也会变得不灵活，但他的心永远年轻，永远充满激情，未实现的梦想还在等着他，他要在这条路上继续奋斗，带着那颗"老顽童"的奔放自由之心，徜徉在生态农园的道路上，努力做着一件利国利民的好事。

先退休后创业，谈论成功之道

对于徐箴言来说，他之前根本没有考虑到自己要去创业。

创业之后，徐箴言也曾无数次想象过事业成败的场景。如果失败了，他也能在农园里自给自足，找到喧闹社会中无法得到的安静，心灵得到满足，生活得十分惬意。如果成功了，这将是一件大好事，值得在全国推广，造福全国人民。

创业本身就是要由自己的兴趣爱好支配着去做有意义的事情，如果还能有点利润，那就是再好不过的馈赠了。

徐箴言曾经说过，对于年轻的创业者来说，把心放平一些，把欲望降低一些，把眼光放远一些，然后把身子扑下去，这是比什么都可贵的品质。

太多年轻人太过浮躁，创业时总是高不成、低不就，眼光高，实际能力低，总是轻易地否定这个否定那个。

只有努力才有回报的，靠想象是得不到成功的。创业是真正俯下身子去思考，去努力，去改变，去证明，而不是想象着美好就会得到掌声，想象着成功就会得到利润，想象着企业壮大就会有客户。创业是证明题，而不是选择题。

站在兴趣爱好的角度，徐箴言总想告诉那些创业的年轻人，创业有时候很可能是个误区。很多时候，一创业就拿到第一桶金的人大有人在，但第一桶金并不重要。

由着自己的兴趣和爱好去做自己喜欢的事情，沿着这条路不断发挥自己的潜能，这才是正确的做法。

上帝给每个人创造自己价值的权利，每一个人都有和别人不同的、独特的潜力。那种潜在的力量是无法准确衡量的，循着自己的兴趣和爱好去做，做的过程中不自觉地就把自己的潜力发掘出来了。

而且，每个人的心底都有一丝自卑，如果没有一个很好的舒缓过程，那么自卑可能就会被另外一些东西给覆盖，如虚荣、外强中干、随波逐流、溜须拍马、言不由衷等。要知道，这些行为完全没有必要。花费太

你就是奇迹
YOU ARE A MIRACLE

多的时间来学习"适应"社会,那是一件很可惜的事情。倒不如自己专注起来,因为是金子早晚会发光的。

专家点评

> 艾维农园向每个希望吃到有机蔬菜的家庭,提供了一个很好的解决方案,他让人们的健康饮食不再是难题。
>
> 实践家教育集团董事长　林伟贤

11 许宾乡
新时代孝文化的传承者

企业家小传

对大健康产业的准确分析,对先进技术的有效掌握,使得这位看似书生气浓重的企业家突破万难,一步步证明着自己对老人们的关怀,和对孝文化的传承。

奶奶的一次摔跤让许宾乡放弃高薪工作,选择创业。他为自己的公司取名"盖德",意为 Guider(指导者)。他想做出一款能够更好地保障老人安全的智能手表,并有信心在中国这片孝文化浓厚的土地上推广开来。

他就是孝子企业家——许宾乡。

你就是奇迹
YOU ARE A MIRACLE

你或许看到过这样一篇新闻报道。年近七十的钟先生独居家中多年，老伴两年前离世了，他的两个儿子都有了自己的家庭，平时上班也没时间照料老人。

这天，老人起床后忽觉身体不适，在家中走着走着就摔倒了。老人根本动弹不得，电话又离自己很远。就这样，老人在地上躺了大概半小时。

就在老人倍感无助，认为自己就要这样死在家中的时候，听到了120救护车的声音，一群医护人员赶到家中，将老人接到医院进行医治。

原来，这得益于老人手上佩戴的智能手表，这是他的儿子专门为避免老人在家出状况时无法得到帮助而准备的。

不忘初心，研发智能手表

一块对老人健康状况大有裨益的智能手表之所以能够问世，都是深圳盖德云端科技有限公司创始人许宾乡的功劳。

在许宾乡的身上，你不仅能够看到一般商人对于市场、金钱的追求，更能看到他对于老人的关怀，对于现今科技的潜心研究，还有在创业路上不断更新的人生感悟。

让我们一起走近这位智慧、坚毅、有情怀的孝子企业家吧！

博学笃志，完善专业技能

许宾乡小时候，家庭条件不是很好，父母常年在外打工，因而他也算是留守儿童。从有记忆起，许宾乡就知道，他是在奶奶背上长大的，一会也离不开奶奶，成长过程中与奶奶积累了深厚的感情。

后来经过高中、大学、当兵，许宾乡与奶奶交流的时间没有那么长了，但是那份祖孙情一直深藏在他心中。

就在2008年，八十多岁高龄的奶奶独自一个人在家，没有人照料，奶奶一不小心摔跤，伤得很重。许宾乡得知这个消息，便急匆匆地赶到医院看望。

看到奶奶一个人躺在病床上，想着当时奶奶一个人躺在冰凉的地上是多么的无助，许宾乡心里就一阵阵揪心。他最大的感受就是，幸好奶奶活了过来,让自己还有机会尽孝。

有了这次经历,许宾乡心里突然间闪过一个念头:也许会有千千万万的老人独居在家,他们都会遇到摔倒后无人问津,又无法自救的情况。

或许应该有个东西随时在老人身边,在老人们遇到紧急情况的时候,可以通知相关人员去解救老人。如果这个东西更加智能的话,便能够主动做出一些动作,帮助老人脱离危险。想到便要努力地做到,由此许宾乡开始了研发之路。

工科出身的许宾乡对自己理解和掌握科技的能力信心满满,由于许宾乡的电脑技术掌握得比较好,所以许宾乡下定决心,开始做这个有价值的东西。2007年,许宾乡从待遇丰厚的外资企业辞职,准备自己创业做产品。

经过一年的准备,许宾乡在2008年成立了自己的公司"盖德科技股份有限公司"。之所以命名为盖德,是取了英文"Guider(指导者)"的谐音,并且这当中蕴含着许宾乡的远大目标。即他的产品要在全球范围内成为家庭健康保障设备领域的领导者。

他在一开始就暗暗告诉自己,要做就要做到最好,做出最完美的产品,能够最大限度地帮助到更多的老人。

许宾乡的这种魄力或许来自从高中以来的经历积累。在许宾乡原来的概念中,学习并不重要,能赚钱才是最重要的,于是他没有去上普通高中,而是去念了当地职业学校的化学工程专业。

职业学校的课程没有那么紧张，许宾乡所学的专业需要做的就是平时进行一些化学物品的分析，做一些实验和检测，闲不下来，但许宾乡志不在此。无心学习的他开始打工赚钱，同时也找了点有意思的事情做，这种状态一直持续了将近三年。

许宾乡高三的时候，学校需要在他们专业中挑选学生代表去参加技能竞赛。许宾乡的老师认为他头脑很灵活，于是给了他参加比赛的候选资格。能够有机会代表学校去参加比赛，这对他来说是很大的鼓励。

但拥有比赛资格，并不意味着就可以真正地去参赛。许宾乡决定不负老师厚望，努力提高自己的能力。在培训期间，许宾乡花费周末的时间恶补之前三年没有认真学习的内容。最后，他如愿通过培训，并在比赛中获得第三名的成绩。

在这个过程当中，许宾乡认识到学习并不是原本想象中的无用，而是一个能够快速提升自己能力的捷径。于是，他下定决心好好读书，一边打工一边复习，经过一年的积累，他成功地从职校生转变为台湾科技大学的学生。

进入大学以后，许宾乡敏锐地发现信息产业有很大的崛起势头，于是他决定去电脑城兼职，一边赚生活费，一边学电脑知识。在大学的几年中，许宾乡帮同学组装电脑，为电脑商城拉客户，跟老板学习计算机应用知识，积累了丰富的计算机方面的知识。

技多不压身，况且这还是当时的大势所趋，而这些积累对他的职业生涯规划也有了很大的帮助。

1996年,从大学毕业后,许宾乡去基层连队当了两年兵。因为对电脑知识了解较多,许宾乡便在连队里帮忙打字、进行电脑制图等,甚至建立起整个连队电脑联络系统。离开时,他获得了部队的嘉奖。

退伍后,因为他掌握的电脑知识,他最终成功进入了IBM公司工作,并且工资不菲。后来,看到自己在业务方面的天分以及行业前景后,许宾乡从工程师转型去做业务,当时的年薪便达到了百万元人民币。

总结之前的经历,许宾乡把一路坦途归因于从一而终的性格。

他说:"其实任何企业家都应在面对机遇时好好把握。事实上,在这个世界上,或者说在商业环境中,每天都有人亏损,每天都有人赢利,我赢利很大程度上是因为运气好。

"所有企业家都会有同样的经历,成功的企业家不见得有多厉害,但他们的故事必然伴随着坚持不懈和从一而终。"

三易技术,打造完美产品

事实上,许宾乡的创业之路并不是一帆风顺的,若不是他拥有强大的信念,甚至可以说是信仰,根本不会有今天的盖德。

许宾乡的产品不属于短期见效的产品,需要不断投入大量的财力、物力和人力,还需要有先进的科技作保障。

创业初期很是艰难,许宾乡失去原本高薪的工作,变卖自己的房子,生活变得很苦,许宾乡的妻子受不了,也对他的项目不看好,最后选择了与他离婚。事实上，许宾乡现在还是单身，两个儿子一直由许宾乡的母亲养育。

在创业的五六年间，许宾乡没有一天因为生病请假，每天早上八点准时上班，即使前一天晚上熬夜到一点多，仍然雷打不动地按时出勤。

在许宾乡看来，他挑了一个最辛苦的产业做，但他始终相信，他所坚定的方向在未来是大势所趋。在老龄化趋势越发明显的当下，无线通信、移动通信、传感器逐渐普及，将三种科技结合在手表中，戴在老人的身上，许宾乡认为这一行业一定大有可为，这是一个很大的商机。

经过两年的研发，盖德终于在2011年做出了第一代产品。第一代产品应用的是FID技术，即无线射频，当下的公交卡采用的就是这种感应技术。他们把它做成一个腕表，表上有一个按键，手表发出的信号可以被传感器接收，可以感应到摔跤的动作，然后发出警告。

当他们兴高采烈地把产品投向市场的时候，却发现他们在实验室中监测到的成功效果，在日常生活中却不是那么实用。当腕表和接收器相距太远时，信号感应不到。因此消费者反映，当带着腕表在厕所，而接收器在客厅的时候，他们的产品根本不管用。

第一代产品进军市场可谓铩羽而归，这让许宾乡觉得很受挫。

然而，许宾乡没有灰心。面对这一大缺陷，他和他的技术团队决定继续研发第二代产品。他们这次想做出个手机，经过在台湾和大陆南方地区的考察，他们发现当时只有HTC是做智能手机的，所以，初步方案告吹。

于是，他们还是坚持原来的想法，研发可穿戴设备。一年后，他们第二代产品——智能手表诞生。

第二代产品具备测量血压、血糖的功能，按下一个键，手表会自动发射出一种波，探测人体的这两项健康项目指标。这块智能手表可以连到手机上，因此，检测出来的血糖和血压值能够通过手机传送给持有相应手机的子女手上，以便他们掌握老人的健康状况。

另外，智能手表中还置有全球室内定位系统，能够掌握老人的具体位置。这样的配置在当时来说应该是很先进了，但是市场往往是让人无奈的，他们的产品的销售情况还不是很好。

原因之一是外观不够好看。另外，当他们把第二代产品投入国际市场时，一些国外客户并不在乎外观，但是在意设备背后的软件平台不甚完善这一缺陷。

许宾乡这时候看到了一些成功的苗头，于是，鼓足劲研发第三代产品，把硬件部分做得更加小巧精美，把软件平台做得更加稳定。于是，他们的第三代产品问世，速度比前两代快了很多。

力求实用，研发多功能产品

第三代产品也是一块智能手表，功能比较齐全。相对前两者，这一代产品可以说已经发展到技术比较成熟的阶段。功能的全面表现在它包括三款功能各异的表。

第一款智能手表可以给一般的心脏病患者使用。对于一个心脏病病患，每天只要花 65 秒的时间带着智能手表，就可以测量出该病患心脏病发作的风险。它还能检测出普通用户有没有心脏病。

很多人因为工作压力大，很容易引发心脏病的发作，这一点许宾乡从年轻的同事那里了解到了。当年与许宾乡共事的四十几位同事中，已经有四位同事因为心脏病去世，因此许宾乡研发这款手表意在通过智能手表显示的健康参数，为长期超强度工作或者心血管有问题的人敲响警钟。

只要每天在一个固定时间按着智能手表上的一个按键，它就能自动监测，并且可以把压力指数、心脏病风险、呼吸次数、心脏年龄等数据储存起来。对于平时工作压力偏大的用户，可以通过心脏健康指数趋势，查看自己身体的健康状况。

第二款智能手表是针对血糖病患研发的。这款手表就相当于一个同等大小的血糖贴纸，操作起来非常简便。

用户可直接把手表贴在自己的前胸和上背，透过四根微探针，即四根像针灸一样的针，穿透用户的表皮，但不会穿透他的真皮，以此计算出用户的血糖值。

设备每隔 20 分钟就会采集一个血糖数据进行储存。虽然穿透表皮，但这个过程用户不会感到疼痛，也不会流血。

第三款智能手表是为老年人配备的自动求助手表。这是许宾乡所有设计的出发点，也是他觉得最有前景和价值的产品。

通过更加智能的方式来照顾那些身体不好，却独居在家的老人们，许宾乡一直没有放弃这个初心。最后，他通过这个产品也很好地完成了自己的心愿，而且可以说是超额完成任务。

在许宾乡专注科技、改善产品的同时，他也涉猎到一些医学知识。他了解到体现老人健康与否的一个指标便是血氧浓度，因为这体现了一个人心肺交换功能的情况。因此，这款智能手表还可以探测用户的脉搏和血氧浓度，并通过传感器显示用户的活动情况。

躺在床上没起床，或者晚上失眠，甚至生理周期改变等情况，手表都能及时记录。这些数据就能反映出来一个人的血氧浓度状况。从这个意义来说，这款手表不仅仅适用于老年人，全家不管老幼都能够一起使用。

许宾乡没有掩饰他的野心——第三代产品经过多年积累，脱离原本只是单纯想做一只表给老人戴的要求，在为老人服务的基础上，慢慢发展出一个比较大的平台，最终进入健康产业。

逐渐赢得市场，不忘回归故土

基于大数据，实现产品智能化、可持续

许宾乡开发的智能手表也基于他的大数据思想。这不仅仅是一个通

知救护和检测健康参数的智能电子产品，也是一个能够储存健康数据的设备。

只要医生手持一部手机，在智能手表上按"Available（可获得的）"，原本手表上储存的个人健康数据就会发送到手机上。所以，医生可以在掌握患者一定健康状况的基础上，对患者进行针对性咨询。这种咨询不是非要面对面，通过微信，或者手机本身的视频功能就可以进行。

这当中包含许宾乡很重要的两个思想：

第一点，就是大数据思想。智能手表的服务内容不只是自动求助，事实上智能手表是收集医疗信息的。医院或许需要用户这种持续性的数据协助作医疗的判断，专门的健康检查机构也是如此。表上的数据和健康检查中心的检查结合，比如智能手表的波段显示之前病患的血压过高，与现在量的数据相对照，就能作出比对。

数据的处理与储存依赖于采集器。采集器上常见的数据包括血压、血糖、心跳和血氧浓度。

另外，数据储存使得智能手表本身存在学习模式，在用户摔跤后不会立即求助。手表在记忆用户的摔跤、甩手臂、跳跃等动作的相关参数后，对这次的动作进行更加准确的判断。摔跤的动作发生后往往难以挪动，讲不出话来，在停顿十秒后手表就能进行自动求助。

求助时，客服首先会拨电话给持有终端接受者的家人，三个电话均无法接通后才会拨120，这样才能避免误将老人一个甩臂的动作当成摔跤，而造成不必要的恐慌，并且也能避免 120 收到错误信息而出车。

在上述例子中，手表之所以能够判断出摔跤的动作，还是基于摔跤时血压数据的储存。用户每次的监测数据都会上传到云端，因而这个数据能够在安全范围内被读取，医生和子女就可以通过异常的数据趋势得知一定信息。

另外，用户的动作也能被储存。只要戴着手表，他在卧室待了多久，去过几次厕所，这些行为都能被记录。

第二点，利用社群软件方便生活，这也是许宾乡一直相信的、未来很重要的、覆盖人际传播的方式。事实上，随着微信这种社交软件的支付、打车等功能的实现，他们也确实将社群软件的功能进行了拓展，超越原本仅仅用于信息交流的功能。

许宾乡将他的以上观点进行拓展，提出社群软件用于快递物流。

在台湾，快递人员不得进入小区内，因而快递无法送到每家每户门口。这时候若是有这样一款软件，上面体现着用户的楼栋号和门牌号，例如 7 楼 12 号，平台便可给这户人家设定一个专号 712。

有快递来时，只要按 712，便可以向这户人家发送视频，由家庭成员在视频中验证，然后决定是否接收快递，并进行签收等。这就可以解决很大的问题。在这个过程中，可以进行视频录音，从而保证快递服务质量。

基于以上两点，许宾乡想让智能手机和智能手表同时实现数据互动的功能。所以，他设想在未来，老人和子女都戴手表，子女利用 APP

（Application，应用程序），不但可以管好自己的健康状况，还可以照顾爸爸妈妈。

在这个过程中，许宾乡相当于通过这个服务软件来做扩散。大家的手机里都有软件，就会觉得这款智能手表实用。

如果一个人买手表给爸爸妈妈用，这样的互动就开始创造黏着性，这种模式对于许宾乡来说，就转变成了电商平台。

"其实这就是个电商平台，上面有大数据，它可以知道每个人的健康状况和日常喜好。通过这种方式，人群之间的黏着也会不断增加。所以，盖德未来将会让大量用户有可持续的收益，是一个拥有很大市值的公司。"许宾乡这样阐述他对未来的乐观设想。

理念获认同，多方鼎力支持

许宾乡总结，自己之所以能够走到今天，动力来源于认同自己理念和价值的支持者。一直以来，盖德公司的69位股东都很支持他。"他们都是高知识分子。"许宾乡谈及此事一脸的骄傲，"客户很看好我，也很认同产品的理念与价值，我相信这在未来是一个好机会。"

好的产品必然不会在讲求实用的市场上被埋没，市场上的很多伙伴都会不断地给许宾乡以支持。在第二代产品面市时，很多国外的客户虽然嫌他们的产品体积大、功能不好，可是还陆续跟他下小量的单。后来他终于研发出第三代产品，客户纷纷向他提交了订单。就在那时，盖德成交了一笔价值四五百万元人民币的单子。

后来，许宾乡跟 Docomo 公司的子公司 NTT Data 签下合同，Docomo 也同意帮他们销售 200 万只手表来开拓日本市场。许宾乡欣喜地发现，其实客户很支持他们的产品，很多在澳大利亚、法国等地的国外客户也越来越认同他们的产品。

智能手表在台湾本地的销售业绩也印证了许宾乡之前一直认定的趋势：未来智能手表市场会往老年医疗、健康这方面转移，但目前似乎没有一个好的方法可以去照顾老人。许宾乡认为可以通过这款智能手表做好两件事情：首先，手表能够进行数据收集，并向消费者提供多层次的服务；其次，盖德未来要发展成一家电商平台。

许宾乡甚至把自己的公司定义为下一个阿里巴巴。阿里巴巴强调的是商品的交易，盖德强调的是幸福的交易，许宾乡强调的就是交换，让每个家庭通过产品去交换幸福，这种幸福包括安全、健康、关怀、医疗、教育各方面，其中的教育指的是医疗、健康和生活细节。正如马云曾经说过的：未来大健康产业是一个新兴趋势。

设想回归故土，大力弘扬孝文化

在"你就是奇迹"创新创业大赛活动演讲中，许宾乡说："我想，孝是中国的文化，也是身为子女的天职，那我们怎么样用最简单的方式